시작하며

2024년 2월 12일, 설 연휴가 끝나는 날. 에피토미˙도 함께 끝이 났다.

2020년 2월, 오픈을 위한 공사가 끝난 매장을 처음 마주했던 날이 떠오른다. 그리고 정확히 4년이 지나, 같은 공간을 다시 마주했다. 시작하는 것도, 끝내는 것도 주변 분들의 도움이 너무나도 컸다. 이 자리를 빌려 다시 한 번 감사의 마음을 전하고 싶다.

* 에피토미는 저자가 4년간 운영한 카페로, '에피'라고도 부른다.

이 책은 헤어진 에피토미를 잊지 못하고 그리워하며 쓴 기록이자, 4년간의 카페 운영 경험을 정리한 사업 일지다. 동네 카페를 가더라도 나는 항상 A부터 Z까지 꼼꼼히 찾아본다. 보통 검색 결과 상단에 광고를 하는 업체들이 보이지만, 한참을 들여다보면 어느 순간 내가 진짜 원하던 공간이 눈에 들어온다. 감히 말하자면, 에피토미도 그런 공간 중 하나였다고 생각한다.

　이미 사라진 뒤에 이 공간에 대해 기록과 생각을 남기는 이유는, 혹시나 창업을 고민하는 누군가가 있다면 4년 동안 회사를 다니며 함께 매장을 운영했던 나의 이야기가 도움이 될 거란 생각 때문이다. 또한 가족과 함께 일하는 것을 고민하는 사람이라면, 우리 가족이 통과해 온 크고 작은 일들 속에서 어떤 깨달음을 얻을 수도 있을 것이다.

　바쁜 일상을 지나며 무언가를 시도해보고 싶었던 한 사람의 기록을 통해, 잠시 걸음을 멈추고 자신의 방향을 되짚어볼 수도 있지 않을까. 그렇게 누군가의 고민에 한 조각의 공감이나 응원이 되어줄 수 있다면 더 바랄 것이 없겠다.

  지금은 간판만 덩그러니 남은 '에피토미'. 공간은 사라졌지만 나의 프로젝트가 여기서 끝나는 것은 아니다. '완벽한 본보기'라는 뜻처럼은 되지 못했지만 또 다른 뜻인 '에피소드'라는 뜻처럼, 나의 첫 에피소드를 꺼내 보려 한다.

CH.1 나를 키우는 일

팀장 대신 사장이 되었습니다	10
준비를 위한 준비	23
실패의 무게	34
하고 싶은 일 VS 해야 하는 일	40
서비스란?	50
창작의 고통	59
수익 없는 진심	67
불경기를 지나는 마음	72

CH.2 함께여서 행복한 일들

최소한의 울타리	82
가족과 함께라면	89
같이 일할래요?	98
덕분에 즐거웠습니다	107

나비 효과를 믿어요	113
든든한 지원군	122
말의 무게	128
포기, 포기, 포기	135

CH.3 일을 지속하는 마음

카페 사장의 루틴	142
보이지 않는 속사정	150
유연함에 관하여	155
휴식도 일입니다	161
나를 돌보는 방법	168
일이 아닌 나의 존재	175
아주 현실적인 행복	181
끝낼 수 있었던 이유	189
새로운 공간, 새로운 마음	194

EPITOME

CH.1
나를 키우는 일들

팀장 대신 사장이 되었습니다

2023년 12월 31일, 에피토미의 영업을 마무리하기로 했다.

부동산을 통해 매장을 그대로 운영하거나 업종을 변경할 사람을 찾고 있었다. 나의 분신과도 같았던 에피토미지만 누군가 이어간다면 아쉬운 마음도 덜 할 것 같았다. 하지만 건물주는 더 이상 이 공간을 임대할 생각이 없다며 매장을 정리해달라고 했다.

4년간 수익은커녕 적자의 연속이었고, 투자한 금액이라

도 회수하고자 시설 권리금 협상을 생각하고 있었기에 이 소식은 적잖은 충격이었다. 하지만 내가 소유한 공간이 아니었기에 받아들일 수밖에 없었다. 12월까지 정상 영업을 유지한 후, 마지막 한 달 동안은 지인들과 시간을 보내고, 매장 안의 물건들을 정리해나가기로 했다.

에피토미를 포기해야 할지 말아야 할지를 고민하던 때와는 달리, 이제는 나가야 할 일자까지 확정되어 초조함이 생겼다. 우선 이 많은 물건들을 어떻게 처리할지가 고민이었다. 부피가 크고 가격도 나가는 것들이 많아, 처음 매입했을 때처럼 다시 하나하나 발품을 팔아야 했다. 권리금을 받지 못하게 되면서 아버지께 빌린 돈을 갚아야 하는 문제도 부담이었다. 무엇보다 갑작스럽게 이별을 통보받은 탓에 마음을 추스를 시간이 부족했다.

당근마켓, 번개장터, 카페 등을 통해 물건 사진을 하나하나 올려 판매를 시작했다. 물건이 팔릴 때마다 안도감과 쓸쓸함이 동시에 밀려왔다. 결과적으로는 에피토미를 운영하며 얻은 것이 더 많다고 생각하지만, 그 과정은 여러모로 아쉬움이 남는다. 이런 마음을 '운칠기삼'이라는 말로 어느 정도 위로할 수밖에 없었다.

사업을 한 번에 성공하지 못한 것은 오히려 나에게 좋은 일일지도 모른다. 스스로를 과신할 여지를 줄이고, 뼛속까지 겸손을 배우는 기회였다고 생각한다.

내 첫 직장은 아트박스였다. 영화 <베테랑>에서 배우 마동석 씨의 애드리브로 유명해진 문구 및 생활용품점이다. 취업을 준비하며 지원하는 족족 떨어지던 시기에 그나마 본 면접도 죽을 쑤고, 예전에 아르바이트를 했었던 민들레 영토에서 친구와 함께 구직 활동을 하고 있었다. 일찌감치 취업해 주임으로 일하던 친구가 나를 도와 일자리를 찾아주었고, 그렇게 발견한 것이 아트박스 공고였다. 평소 귀여운 것을 좋아하던 나는 이상형을 발견한 것처럼 설레었다.

나를 키우는 일들

면접은 나를 제외하고 앞 타임, 내가 속한 타임, 심지어 퇴장하며 본 다음 타임까지 모두 여성 지원자들이었다. 기가 죽기도 했고 들러리처럼 느껴지기도 했다. 하지만 실제 좋아하는 공간이었기에 정말 아끼는 마음을 담아 성실히 답변했고, 내 집처럼 편안하게 면접을 치를 수 있었다. 느낌이 좋았고, 그 느낌은 좋은 결과로 이어졌다. 입사 후 약 4년간 온라인 MD로 일하며 혼나기도 하고 성과도 내면서, 일이 점점 재미있어졌다.

일하면서 한번은 가수 EXO의 CD 등록을 승인하고 다음 날 협력사의 다급한 전화를 받았다. 수량 한정인 제품인데 업체에서 대량 등록을 하다 보니 위 제품을 제외하지 못했고, 수량을 999로 설정해놓은 것이다. 승인 전부터 이미 다른 곳에서 품절된 이 제품의 주문 내역은 가히 폭발적이었다. 결국 MD 전원이 고객들에게 일일이 전화를 돌려 양해를 구했다.

거래처 미팅을 하면서 좋은 인연도 많이 맺었다. 협력사

관계에서 좋은 형 동생, 오빠 동생으로 지내는 사람들도 생겼다. 그렇게 지인이 된 친구의 소개팅을 주선해서 결혼까지 이어진 경우도 있다. 미팅을 할 때 받은 샘플을 사용하다가 팬이 되기도 했고, 다양한 제품을 직접 접해볼 수 있는 기회가 많아 즐거웠다. 그리고 무엇보다 좋은 팀원과 동료들을 만난 것이 큰 행운이었다. 퇴사를 하고 나서도 연락을 이어가며 소중한 관계를 유지하고 있다.

만족스럽게 일하고 있었지만, 점차 패션 분야에 특화된 곳에서 일해보고 싶다는 생각이 들었다. 중학생 때부터 패션에 관심이 많았고, 하고 싶은 일을 해야겠다는 결심이 있었다. 주말이나 부업으로 병행할 수도 있었지만, 직장을 다니며 겸직하는 것은 예의가 아니라고 생각했고 쉬운 일도 아니었다. 결국 팀장 승진을 앞두고 있었던 나는 퇴사를 결심했다.

2017년 3월, 퇴사 후 약 한 달간 유럽을 여행했다. 아시아권은 짧은 휴가로도 다녀올 수 있지만, 유럽은 비용도 시간도 큰 마음을 먹어야 가능하다. 여러 나라를 한 번에 둘러볼 수 있다는 장점도 있었다. 10시간이 넘는 비행은 힘들었지만, 새로운 문화와 삶을 경험하는 감격이 컸다. 쇼핑도 잔뜩 하고 우리나라와 다른 건물, 생활, 분위기를 경험할 수 있어서 좋았다.

여행 중에 한번은 한국에서 사는 것보다 50% 저렴한 가격의 캐리어를 구입했는데, 문제는 이동을 위해 한 번 더 비행기를 타야 한다는 것이었다. 수하물은 기본 1개로, 추가 비용을 내야 했다. 하지만 눈웃음으로 추가 비용을 내지 않았다는 블로그 후기를 보았고, 나는 여러 번 연습을 거듭한 끝에 눈웃음 전략을 시도했다. 하지만 대차게 실패해 괘씸죄가 포함된 추가 비용을 냈다. 캐리어를 싸게 구매한 의미가 사라지는 순간이었다. 그래도 캐리어가 두 개라 쇼핑하기 좋았다는 것으로 스스로를 위로했다.

가장 기억에 남는 곳은 스위스였지만, 다시 가고 싶은 곳은 프랑스 안시다. 대도시 파리가 아닌 프랑스인들이 노후를 즐기는 소도시다. 파리를 가기 어려운 상황이라 대신 가게 되었는데 막상 가보니 호수와 알프스산맥이 어우러진 풍경이 평화로웠고, 마음이 안정되었다. 왜 노후를 즐기는 곳인지 알 수 있었다. 그런 여유를 즐기며 나중에 가정을 이루면 다시 오고 싶다고 생각했다. 이러한 평화로운 곳에서도 나는 하루에 3만 보를 걷는 강행군을 이어갔다. 다시 오기 힘들 것 같아서 하나라도 더 보고 싶었고, 정말 열심히 구석구석을 살폈다.

여행을 마치고 왔지만, 돌아갈 곳이 없었다. 떠나기 전에 몇 군데 회사에 지원했는데 회신은 없었다. 오랫동안 끄적이던 글을 정리해 2년 만에 책으로 출간하기도 했다. 누가 내 책을 출판해줄지 반신반의했지만, 결국 책이 세상에 나왔다. 그러던 중 지인이 일하던 편집숍 자리를 넘겨받아 약 3년간 일하게 되었다. 의외의 일자리에서 나는 고정관념을 깨기 시작했다. 키가 작다는 이유로 도전하지 않았던 스타일에도 도전하게 되었고, 초코와 녹차라떼만 마시던 내가 커피를 마시기 시작했다. 로마에서는 로마법을 따르듯, 사장님을 닮기 위해 노력했다. 도전하기 전에는 두렵지만 일단 시도하면 뭐라도 된다는 걸 경험했다.

그렇게 나는 새로운 도전을 결심했다. 이번엔 일회성으로 뛰고 마는 번지 점프식 도전이 아닌, 지속성 있고 중대한 '사업'이라는 도전이었다. 처음에는 복합공간을 구상했다. 하나에 특화된 공간도 좋지만, 볼거리가 풍성한 곳을 좋아하기 때문이다. 사람들이 '카페'로 인식할 것을 알면서도, 나는 내 방식대로 공간을 만들고 싶었다. 적지만 모아두었던 돈을 스스로에게 투자하기로 했다. 패션이 좋아 아트박스를 그만두었던 것처럼, 공간이 좋아 공간을 만들기로 한 것이다.

감사하게도 이러한 선택에 있어서 가족의 지지가 있었기에 조금 더 수월했다. 다행히 패션과 카페 및 공간에 투자한 시간과 비용, 무엇보다 마음을 알아주셨다.

"옷 좀 그만 사라."

"어디를 그렇게 놀러 다녀."

매번 한소리씩 들어가며 쌓아온 경험과 시간이 신뢰로 이어졌다. 물론 그 신뢰는 이후에 번번한 실패로 깨지게 되었지만.

평소에도 외출할 때마다 카페 세네 곳은 족히 다녔다. 카페를 고를 때는 맛보다 공간의 분위기를 중요하게 여겼다. 프랜차이즈보다는 고유한 개성이 있는 카페를 선호했다. 통일성 있는 프랜차이즈 매장들은 깔끔하지만 재미없게 느껴졌다. 희소성 또한 중요했다. 어디에서나 볼 수 있는 곳보다, 그 지역에만 있는 공간을 찾는 것을 좋아했다.

또 하나는 응대. 단순한 친절보다는 개성과 자율성이 살아 있는 응대를 좋아했다. 프랜차이즈 매장은 체계적이고 매뉴얼화된 응대를 제공하는 반면, 개인 카페는 더 인간적인 대화가 가능했다. 물론 개인적인 기준이며, 누군가는 같은 이유로 프랜차이즈를 더 선호할 수도 있을 것이다. 내가 찾는 공간의 기준은 고유함, 따뜻함, 그리고 디테일이었다. 이색적인 공간과 소품, 책 등을 구경하는 취미는 자연스럽게 공간에 대한 감각을 키워주었다.

  물론 카페를 많이 다니는 것과 운영하는 것은 별개다. 자본, 용기, 상황이 모두 맞아야 가능한 일이다. 일단 나는 용기가 많이 있었다. 패션 편집숍을 그만두고 다시 회사에 들어가기보다는, 지금까지의 경험을 바탕으로 내 공간을 만들기로 했다. 1~2주 만에 내린 결정이었다. 추진력은 나의 가장 큰 장점이다.

  처음에는 스탠딩 카페를 구상했다. 잠시 머무르고 쉬어가는 공간, 부담 없이 들를 수 있는 곳. 지금의 에스프레소 바처럼 스탠딩 카페는 회전율도 좋고, 인테리어 비용도 절감할 수 있었다. 2020년 당시에는 흔치 않았고, 무엇보다 남들과 다르게 하고 싶다는 마음이 컸다. 의도적으로 의자를 불편하게 만들어 오래 머물지 못하게 하는 전략도 가능했겠지만, 편안함을 포기할 수 없었다. 스탠딩 카페를 선택했더라도 손님에게 편안함을 제공할 방법을 찾았을 것이다.

　인테리어 역시 따뜻한 우드톤 대신 거친 느낌을 추구했다. 대세를 따르기보다는 나만의 색을 담고 싶었다. 회사를 다닐 때는 데이터를 분석해 움직였지만, 이번에는 내 감을 믿었다. 단순한 직감이 아니라, 시간과 비용을 들여 쌓아온 결과물이었다. 고객의 니즈를 정확히 맞추는 것도 중요하지만, 가려운 곳을 긁기보다는 간질이고 싶었다. 그렇게 나는 팀장 대신 사장이 되었다.

준비를 위한 준비

 카페 메뉴에서 늘 당당히 첫째 줄을 차지하는 커피. 커피를 잘 마시지 않는 내가 커피를 판다는 것이 어불성설처럼 느껴져서 처음엔 아예 판매하지 않으려 했다. 하지만 이번 기회를 통해 커피와 마지막으로 친해지고자 결국 판매하기로 결정했다. 메뉴와 콘셉트를 고민하던 끝에 편안히 쉴 수 있는 공간을 만들기로 하며, 초기에 고려했던 스탠딩 카페는 자연스럽게 사라졌다. 최종적으로 '집'이라는 모티브로 방향을 잡았다.

 급하게 커피를 배우기 시작했다. 가장 접근하기 쉬운 건

원데이 클래스였고, 바리스타 자격증을 따기엔 시간이 부족했다. 카페 오픈까지 남은 시간은 두 달. 원데이 클래스에서는 커피 추출과 라떼 아트를 중심으로 배웠다. 처음 수업을 들으러 간 카페의 사장님이 슬리퍼를 신고 매장을 운영하는 모습을 보고 솔직히 실망했다. 편한 복장도 좋지만, 복장이 곧 태도를 반영한다고 생각했기 때문이다.

몇 년째 카페를 운영 중인 친구의 매장에서 커피는 물론 운영 전반에 대한 조언을 들었다. 직원 관리, 건물주와의 관계, 손님 응대, 멘탈 관리까지 다양한 이야기를 나눴다. 다른 지인은 직접 원정을 와서 커피를 알려주었고, 또 다른 지인의 지인은 바쁜 와중에도 매장에 방문해 여러 의견과 조언을 해주었다. 그렇게 나는 매일 감사하며, 서먹한 커피와 반갑게 인사를 주고받았다. 원두는 누나의 친구분에게 좋은 가격에 공급받을 수 있었다.

4년 동안 나는 커피와 아주 많이 가까워졌다. 다만 아침마다 맛을 체크하기 위해 커핑을 하고, 중간중간 마시다

보면 머리가 띵하고 어지러울 때가 있었다. 그래서 스스로 커피와 체질적으로는 잘 맞지 않는다고 생각했다. 일을 하다 보면 소위 말하는 아아와 뜨아를 헷갈려서, 잘못 만든 커피를 처리하느라 더 많이 마시기도 했다.

 오픈 초반에 재미있는 일이 많았다. 맞은편 네일숍의 손님이 뜨거운 커피를 주문하셨는데 제대로 오픈한 지 얼마 되지 않은 때라서 무척 긴장했다. 뜨거운 커피는 크레마와 풍미가 더 도드라지기 때문이다. 특히 그분은 인상도 강하셔서 나는 긴장한 채 손님의 반응을 살폈다. 바로 내 앞에서 한 모금을 들이켜고는 고개를 끄덕이며 말씀하셨다. "이 친구 커피 오래했네" 나는 안도하며 멋쩍게 웃었지만 속으로 자만할 뻔했다.

 가오픈도 하지 않은 상태에서 커플 손님이 찾아온 적도 있었다. 아메리카노 두 잔을 주문하셨는데, 손님이 가시고 보니 뜨거운 커피가 거의 그대로 남아 있었다. 운영에 미숙했던 나는 그 이유를 차마 물어보지 못했고, 마음이 무거웠다. 새로 커피를 만들어 마셔봤지만, 맛은 다르지 않았다. 며칠 뒤 다시 찾아온 그분들에게 조심스럽게 여쭤보았고, 단지 배가 불러서 마시지 못했을 뿐이라는 답을 들었다. 자신 없던 내가 부끄러워졌고, 그 경험은 오래도록 기억에 남았다.

인테리어는 친구가 관련 일을 하고 있어 수월하게 진행됐다. 주변에서 사기를 당하거나 공사 이후 A/S에 문제가 있는 사례를 많이 봐왔던지라, 걱정이 하나 줄어 마음이 편했다. 특히 친구가 근처에 살고 있었고 믿을 만했으며, 실제로 운영을 하면서 도움이 필요할 때 해결사로 와주어서 고마웠다. 공간은 'HOME'을 모티브로 구성해 가벽으로 섹션을 나누었다. 거실, 주방, 공부방, 옷방처럼 각각의 공간이 독립적으로 존재하도록 설계했다.

회의도 많이 하고 중간중간 방문하면서 다듬고 다듬고, 그렇게 완전히 탈바꿈된 공간.

BEFORE　　　　　　　　AFTER

사업자 등록증을 받았을 때는 정말 사장이 된 기분이었다. 발급은 간단했지만, 종이 한 장의 무게가 묘했다. 영업허가증 등 필요한 서류와 절차를 모두 마쳤으니, 이제는 이 공간을 채워야 할 차례였다.

돈을 쓰는 건 즐거운 일이다. 회사원일 때와는 다르게 어떤 승인도 필요 없었다. 내가 최종 결정권자였다. 어릴 적 친구 집에서 보고 부러워했던 플스의 최신형을 구입했고, 결혼할 때나 살 법한 고급 가전제품도 들였다. 남들과 다른 걸 좋아하는 성격 탓에 특이한 디자인의 제빙기를 고르기도 했다. '웃으면 복이 온다'는 생각으로 스마일 제빙기를 선택했다.

커피, 술, 책, 옷, 굿즈까지. 내가 좋아하는 것들로 채워진 공간이었다. 편집숍을 하는 친구의 의류도 한쪽에 비치해 서로 홍보가 될 수 있도록 했다. 회사를 다닐 땐 사장님의 컨펌이 필요했지만, 이제는 내가 사장이고 모든 것이 내 뜻대로다. 물론 책임도 전부 내 몫이었다. 그래도 사장이라는 타이틀은 중간중간 옅은 미소를 짓게 해주었다.

  향후에는 이 거리에서 커피, 술, 책, 옷 등 각 카테고리마다 전문 매장을 따로 내고 싶다는 생각도 했다. 나고 자란 동네에 다양한 공간을 만들고 싶다는 꿈이었다. '석리단길', '에피단길' 같은 이름도 떠올렸다. 에피토미는 올라오는 통로가 좁고 따로 대기 공간이 없어 웨이팅이 생기면 어떻게 해야 할지 고민했지만, 4년간 그런 일은 없었다. 크리스마스 같은 때에 자리가 있냐는 전화가 오면 애써 눈물을 참으며 자리가 넉넉하니 편하게 오시면 된다고 했다.

  위층은 주택이라 운영 중 소음이나 피해가 가지 않도록 항상 신경 썼다. 입구까지 반신반의하며 올라와서 망설이던 손님들이 카페에 들어와 환하게 웃는 모습을 볼 때마다 뿌듯했다. 2층인데 조금 높아 계단이 많았고, 숨을 헐떡이며 올라오시는 분들을 보며 죄송하고 감사한 마음이 들었다. 2층을 지나쳐 3층으로 올라갔다 내려오시는 분들도 계셨다. 이곳이 만약 대박이 났다면 에스컬레이터를 설치했을지도 모른다. 하지만 통로가 좁으니 올라가는 것만 가능했을 텐데 그럼 내려가는 건? 어린이집의 원통 미끄럼틀을 설치해야 했을까.

  단골이셨던 한 할아버지께서는 전화를 주시면 음료를 가지고 내려가겠다고 말씀드렸지만, 꼭 직접 올라오셔서 커피를 가져가셨다. 나름 어르신의 하체 운동에 일조한다고 생각하며 어느 순간부터는 더 말씀 드리지 않았다. 2층 매장이다 보니 오픈 전 물건을 들이거나 폐업 후 물건을 빼낼 때도 쉽지 않았다. 역시 1층과 가격 차이가 나는 이유가 있었다. 그렇지만 층수가 중요하다고 생각하지 않았다. 오다가다 쉽게 발견해서 오는 곳이 아닌, 나와 같은 감성을 가진 분들이 이곳저곳에서 찾아주길 바랐기 때문이다.

  로또를 긁기 전 벅찬 상상을 하듯, 나 역시 에피토미를 준비하며 분홍빛 미래를 꿈꿨다. 그래서 소파도 분홍색으로 골랐던 걸까. 사실은 원하던 제품이 배송되기까지 4주가 걸린다고 해서 급하게 산 것이었다. 누나가 추천해 준

브랜드의 소파였고, 커버만 교체 가능한 회색 제품이었지만 결국 거의 쓰지 않았다. 핑크 소파가 에피토미의 마스코트처럼 되었기 때문이다.

  네이버에 업체 등록을 하고, 가오픈도 하기 전에 찾아온 손님들 덕분에 출발이 좋다고 생각했다. 어차피 에피토미는 잘 될 거라 믿고 있었고, 운영 중에도 소파는 언제든 바꿀 수 있을 거라 생각했다. 그렇게 머릿속에 그려왔던 매장의 모습이 현실이 되었다.

실패의 무게

있어 보이고 싶은 건 다 하고 싶었는지, 가오픈 기간을 거친 후 정식 오픈을 했다. 가오픈이라고 해서 특별히 준비한 것은 없었지만, 어떻게 보면 "조금 미흡해도 양해해주세요"라는 여지를 두는 시간이었다. 일반 손님보다는 지인들이 더 많이 방문했다. 오랜만에 보는 지인도 있었고, 하루가 멀다 하고 보는 지인도 있었다. 내 지인뿐 아니라 디저트를 맡은 누나의 지인, 부모님의 지인, 친인척까지 에피토미는 잠시나마 북적였다.

영업을 종료한 지금도 나는 새로 생긴 카페들을 찾아다

닌다. 호기심, 부러움, 응원과 함께 복잡한 감정을 안고. 어떤 곳은 오픈 전부터 기대를 한몸에 받기도 하고, 또 어떤 곳은 그들만의 리그처럼 조용히 흘러간다. 에피토미는 100명도 채 되지 않는, 그것도 대부분 지인으로 구성된 팔로워를 가진 인스타그램 계정에 "우리 오픈해요"라는 글 하나만 올려두고 손님이 우르르 몰릴 거라 생각했다. 나처럼 새로 생긴 공간을 귀신같이 찾아다니는 사람들이 많을 거라 믿었다. 내 주변에는 없지만, 전국구로는 분명 있을 거라고.

나는 '전국구'라는 말을 입버릇처럼 쓴다. 갑작스레 시작한 에피토미를 전국구 브랜드로 키우겠다는 야심은 어쩌면 코미디였는지도 모른다. 하지만 오픈하는 순간만큼은 누구나 마음속에 크고 작은 야망을 품는다. 단지 입에 풀칠만 하겠다는 생각으로 카페를 열 사람은 거의 없을 것이다.

처음엔 내가 사는 아파트에 광고물을 부착하려다 말았

다. 너무 가까운 곳이라 돈을 쓰는 게 아깝게 느껴졌고, 왠지 모양이 빠지는 것 같다는 생각도 들었다. 하지만 시간이 지나며 이런 판단들이 대부분 빗나갔다는 것을 알게 됐다. 나는 빛나는 공간을 꿈꿨지만, 결과적으로는 '빚 나는' 공간이 되고 말았다. 오픈하고 삼 년쯤 지났을 때, 손님 한 분이 찾아와 우리 아파트 주민인데 이제야 이 공간을 알게 됐다고 했다. 처음부터 알았으면 자주 왔을 텐데 아쉽다는 말을 덧붙였다. 운영하면서 자주 들은 말이라 그냥 너털웃음을 짓고 말았다.

처음 반짝 오픈빨로 손님이 몰렸다가 점점 매출이 줄어드는 일은 참으로 고통스럽다. 한번 가보고 굳이 다시 가지 않아도 될 공간이라는 의미도 있기 때문이다. 에피토미가 그런 곳이 되지 않기를 바라는 마음으로 방명록과 하고 싶은 말을 남길 수 있는 노트를 마련했다. 다음에 다시 와서 자신이 남긴 글을 찾아보고 싶을지 모른다는 마음에서다. 노트가 쌓여가도 항상 비치해두었다. 이곳에서 추억이 만들어지고, 또 추억이 쌓이길 바랐다. 소품이나 메뉴판을 바꾸는 등의 소소한 변화를 통해서도 다시 방문했을 때 신선함과 새로움을 주려고도 했다.

  에피토미가 반짝 스타가 아닌, 묵묵히 오래가는 공간이 되기를 바랐다. 블로그나 인스타그램에 에피토미를 언급하는 글이 올라올 때마다 매번 확인했고, 그런 글은 나에게 큰 힘이 되었다. 가오픈 후 정식 오픈을 한다고 해서 달라진 건 없었지만, 최소한 나는 조금 더 비장한 마음으로 출근했다.

  누군가에게 카페라는 공간은 단순한 소비의 장소지만, 누군가에게는 감정이 머무는 장소가 된다. 사람은 흘러가도 그 속에 깃든 기억은 공간에 머무를 수 있다. 나는 에피토미가 그런 장소가 되기를 바랐다. 누구는 그냥 지나가고, 누구는 잠시 머무르며, 누구는 다시 돌아오게 만드는 힘이 있는 공간. 단순히 손님이 쏟아지는 인기보다, 꺼내 볼수록 다시 찾고 싶은 공간을 원했다.

오픈이라는 단어가 주는 설렘과 가능성은 적지 않다. 처음 문을 열 때는 누구나 반짝이지만, 그 반짝임이 유지되는 것은 결국 한 사람 한 사람의 마음과 태도, 그리고 시간이다. 나는 그 시간을 쌓아가고 싶었다. 그리고 일단은 실패라는 결과지를 받았다.

성공한 공간이란 무엇일까. 손님과 매출이 끊이지 않는 곳? 혹은 사진을 보면서 꼭 한번 가봐야겠다는 생각이 드는 곳? 나는 내가 만든 이 공간이 '좋은 기억'으로 남기를 바랐지만, 때로는 그 기억조차 잊혀졌다는 것을 마주해야 했다. 손님의 발길이 끊기고, 운영의 무게가 현실이 되자 '기억이 머무는 장소'라는 말이 이상처럼 느껴졌다.

실패는 단순히 장사가 되지 않았다는 것이 아니라, 내가 상상한 방식으로 공간이 지속되지 못했다는 데 있다. 나는 이 공간을 통해 누군가와 연결되고 싶었고, 결국 선한 영향을 끼치고 싶었다. 그러나 감정과 온기만으로는 유지되지 않는 것이 자영업의 현실이었다.

나는 손님을 수단이 아닌 목적 그 자체로 대하고 싶었지만 현실은 숫자와 계산, 단가와 재고, 출근과 청소, 그리고 끝없는 고지서와의 싸움이었다. 그러나 감사하게도 실패가 나를 무너뜨리지만은 않았다. 무엇보다 나를 냉정하게 바라보게 했다. 욕심을, 무지를, 낙관을, 부족한 준비를. 내가 무엇을 좋아했고, 왜 몰랐으며, 어디까지 견딜 수 있는지를 명확히 가르쳐 주었다.

이 실패를 받아들일 뿐만 아니라 기록으로 남기고자 한다. 감정의 정산, 그리고 다음을 위한 출발점으로. 다시 시작한다면 더 잘할 수 있을까? 그런 생각을 할 만큼 나는 여전히 이 일을 좋아하고, 여전히 공간을 좋아한다.

하고 싶은 일 VS 해야 하는 일

"간판이 없으니까 어딘지 모르고 그냥 지나치지."

가족을 비롯한 지인들이 가게를 방문할 때마다 했던 말은 모두 간판이었다.

간판이 있으면 좋다는 건 나도 알고 있었다. 그럼에도 불구하고 간판을 달지 않은 데는 나름의 이유가 있었다. 직접 다니며 간판이 없어도, 두메산골에 있어도 장사가 잘되는 곳을 많이 보았기 때문이다. 물론 지나가다 눈에 띄어 들어오는 손님도 있지만, 요즘은 대부분 검색을 통해 오기 때문에 굳이 필요성을 느끼지 않았다.

간판이 없어서 장사가 안되는 것은 핑계라고 생각했다. 하지만 막상 운영을 해보니, 가게 앞에 도착하고도 어딘지 몰라 우왕좌왕하는 손님들을 보며 결국 간판을 달게 됐다. 특히 차량을 이용해 오는 손님들에게는 2층이라는 위치가 더 큰 장벽이었다. 위치를 묻는 전화가 자주 왔고, 소신이 조금씩 흔들리기 시작했다.

결국 내 고집을 접고 간판을 달기로 했다. 정식 오픈 전부터 쥐도 새도 모르게 영업을 시작하고, 사람들의 반응과 나의 생각을 정리하는 과정에서 결정된 일이었다. 그 와중에 간판도 일자로 달지 않고, 살짝 비스듬히 달았다. 마지막 자존심 같은 것이었다.

시간이 지나면서 나는 서브 간판 두 개를 더 달게 되었다. 운영을 한 지 일 년 반 정도 지나서였다. 벽에 붙은 간판은 여전히 눈에 잘 띄지 않았고, 초반에 둔 입간판은 크기가 작아 인지하기 어려웠다. 결국 차를 타고 지나가면서도 볼 수 있도록 간판 두 개를 추가했지만, 막상 달고 나니 크기가 작아 별 도움이 되지 않았다.

간판만이 아니라 운영 전반에 걸쳐 나는 '하고 싶은 일'에 더 무게를 두고 결정해왔다. 마케팅, 시그니처 메뉴 같이 '해야 하는 일'들은 나에게 있어 선택이 필수가 아니었다. 요란한 홍보를 하기보다 천천히 입소문이 나기를 바랐고, 메뉴보다는 분위기를 더 중시했다. 오히려 메뉴 자체보다 메뉴판, 식기, 플레이팅에 더 많은 신경을 썼다. 카페를 다닐 때 메뉴가 특이한 것보다, 메뉴판이 세련되거나 공간에 센스가 묻어나는 포인트에 더 매료됐기 때문이다. 그런 감동을 나 역시 손님들에게 주고 싶었다.

그래도 에피토미에서만 판매했을 법한 메뉴도 있었고, 누나의 제안으로 시작한 에이드 종류는 좋은 반응을 얻으며 시그니처로 자리잡기도 했다. 본질보다 부수적인 요소들에 더 관심을 두었고, 다름에 집중했다. 재고가 떨어지면 발주하고, 손님이 오면 응대하는 건 운영자로서 너무나 당연한 일이다. 하지만 나는 인테리어를 바꾸거나 식기를 교체하는 일, 즉 보이는 것에 더 열정을 쏟았다. 겉보기에는 깔끔하지만 서랍 속은 엉망인 상태. 내 운영은 그런 모습이었다.

단지 내 성향이었다. 나는 공간, 분위기, 디테일을 좋아했고, 그걸 관리하는 일이 즐거웠다. 운영을 하면서도 내가 하고 싶은 일 안에서 더 하고 싶은 일을 찾아서 했다. 그래서 내가 가지고 있는 장점 외에 나와 다른 장점을 가진 사람들과 함께 일하고 싶었다. 내 단점을 보완할 수 있는 그런 사람과. 모든 걸 혼자 감당하면 기본은 유지할 수 있어

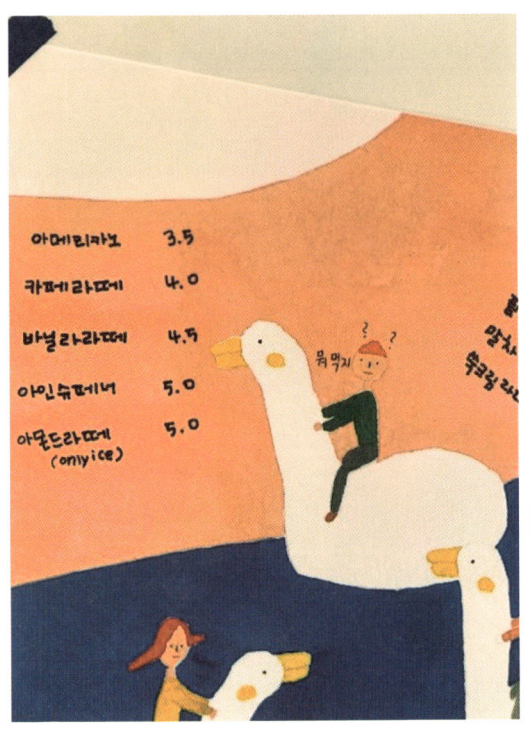

나를 키우는 일들

도, 그 이상은 어려우니까.

  어떤 날은 내 옷차림이 완벽하게 느껴지고, 어떤 날은 어딘가 어색하며, 또 어떤 날은 최악으로 느껴진다. 이번 사업은 옷차림에 비유하면 최악에 가까웠다. 물론 매출 기준으로 봤을 때다. 직원들 월급이 밀린 적은 없었지만, 수입보다 지출이 많은 상태가 계속됐다.

  만약 사랑하는 사람과 가정을 이루게 되었다면, 아마 다른 선택을 했을 것 같다. 그랬다면 내가 하고 싶은 일보다, 지켜야 할 사람을 위한 일을 선택했을 것이다. 그런 점에서 상황이 사람을 만든다는 말은 정말 맞다. 내가 MBTI를 맹신하지 않는 것도 상황에 따라 사람의 모습이 달라지기 때문이다. 외향형인 내가 손님 앞에 서면 내향형처럼 느껴지고, 소심한 내가 어떤 상황에서는 듬직한 리더가 되는 것처럼 말이다.

  나는 공간을 즐겁게 운영했다. 개인이 작게 운영하는 거지만 엄연히 사업이었다. 말이 재미지 정말 재미로 한 건 아니었고, 하고 싶어서 기꺼이 할 수 있는 일이었다. 그래서 가능했다. 앞으로 시작할지도 모를 또 다른 공간 역시 재미있는 일이 되길 바란다. 하지만 그때의 나는 지금과는 또 다른 상황에 놓여 있을 것이다. 그리고 그 상황들이 나를 또 어떻게 변화시킬지 궁금하다.

한 연애 프로그램에서 출연자들이 하고 싶은 일에 도장을 찍는 장면이 있었다. 한 골프 선수 출연자는 자신이 좋아하는 여성이 '캠핑'을 택하자, 본인의 주 종목인 골프 대신 캠핑을 선택한다. 그는 '해야 하는 일'을 택한 것이지만, 사랑하는 사람과 함께할 수 있다면 곧 '하고 싶은 일'이 된다.

최근 본 영화 <승부>에서는 새로운 방식에 도전하려는 제자에게 스승이 기본부터 다지라고 조언한다. 그 이후에 기교를 부리거나 차별화를 하라는 말이었다. 하지만 제자는 그 말을 따르지 않고 자신의 방식을 고수했고, 결국 그 방식으로 스승을 이긴다.

 운동이든, 사업이든, 어떤 일이든 기본이 중요하다는 사실에 동의한다. 하지만 동시에 하고 싶은 일이 반드시 실패로 이어지지 않는다는 점에서도 위로를 받았다. 정답이 하나만 있는 것은 아니며, 때로는 해야 하는 일보다 하고 싶은 일이 더 좋은 결과를 가져올 수도 있다. 그 말이 나 같은 사람에게는 큰 힘이 된다. 아직도 하고 싶은 일이 많이 남아 있기 때문이다.

서비스란?

 어느 역 근처에 내공이 느껴지는 중국집이 있었다. 그곳을 보니 갑자기 자장면을 먹고 싶어서 문을 열고 들어갔다. 음식이 나와 후루룩 먹고 있던 중, 면 사이에서 머리카락을 발견했다. 이미 음식과 섞여 있었고, 머리카락이 쭉 빠지면서 식욕도 함께 사라졌다.

 습관처럼 "죄송하지만…"이라는 말을 먼저 꺼냈다. 머리카락이 나왔다는 말을 전했고, 보통 이런 상황이라면 새로 만들어주시거나 일부 값을 깎아주시거나, 아니면 죄송하다는 말을 하기 마련이다. 그런데 그 사장님의 반응은 달랐다.

"손님 머리카락 아니에요?"

헛웃음이 나왔다. 식사를 멈추고 자리에서 일어나 계산을 요청했다. 그제야 사장님은 "그냥 가셔도 된다"며 돈을 받지 않겠다고 했고, 나는 "아니요, 받으세요"라며 잠시 옥신각신했다. 결국 계산은 하지 않고 나왔지만, 기대하고 들어갔던 마음과는 정반대의 감정으로 나온 내 모습이 씁쓸했다.

지인도 비슷한 경험을 했다. 유명 프랜차이즈 카페에서 커피를 마시던 중, 남은 커피를 텀블러에 옮기기 위해 직원에게 부탁을 드렸다고 한다. 커피를 마시다가 흘렸던 터라 혹시 또 그럴까 봐 조심하고 싶었던 것이 이유였다. 그런데 직원은 놀란 듯 "네?"를 연발하며, 결국 잔과 텀블러를 받았지만 "지가 하지"라는 말을 중얼거렸다고 했다. 내 생각에, 텀블러에 옮겨달라는 부탁이 당혹감을 줄 수는 있다. 혹여 '갑질'로 느껴졌을 수도 있다는 이야기를 했다가, 지인에게 뺨을 맞을 뻔했다. 물론 나도 지인의 편이다. 좋은 마음으로 해줄 수 있는 일이라고 생각한다. 면전에서 그런 말을 들었으니 상처가 될 수밖에 없다.

누구나 시간과 돈을 들여 찾은 공간에서 기분 나쁜 경험을 하고 싶지 않다. 하지만 생각보다 그런 일이 종종 있다. "여기는 불친절하지만 맛있어서 간다"와 "맛은 있는데 불친절해서 다시는 안 간다"는 말은 내용이 같아도 결과가 다르다. 사실 고객이 무엇에 중점을 두느냐에 따라 같은 곳이라도 전혀 다른 평가를 받을 수 있다.

카페나 공간을 방문할 때 분위기를 많이 보지만, 응대 역시 중요하게 여긴다. 물론 "어디 한번 보자"는 마음으로 지켜보는 건 아니다. 기대치도 과하지 않다. 손님이 들어오면 인사 한마디만 건네주셔도 충분하다. 나도 그렇게 했다. 그런데 특히 소규모 의류나 소품숍에서는, 아무것도 사지 않고 나가려 할 때 본체만체하는 경우가 있다. 손님이 오든 말든 쳐다보지 않는 곳도 의외로 많다.

 나는 그런 곳이라도 구경 잘했다는 마음으로 "감사합니다" 하고 나오는 편인데, 그 말이 빈 천장에 가닿을 때가 많다. 옷을 좋아해 옷가게를 자주 가는 편인데, 따뜻한 환대보다 무관심을 더 자주 경험했다. 그런 곳은 다시 찾고 싶지 않다. 반대로 편안한 응대와 공간이 있는 곳에서는 마치 '돈쭐'을 내주듯 무엇이든 사고 싶어진다.

 그렇다면 나는 고객에게 어떤 서비스를 제공할 것인가. 카페를 준비하면서, 그리고 운영하면서 몇 가지 기준을 세우게 되었다.

 그중 하나는 '제약 없음'이다. 예를 들어 6인석 테이블에 한 명이 앉아도 제재하지 않았다. 사실 대부분의 카페 단체석에 "이 자리는 4인 이상 이용 가능합니다" 같은 문구가 있어서, 엉덩이를 붙여보지도 못하고 자리를 떠야 했던 경험이 많았다. 한 번은 네 명이 함께 보기로 한 자리였는데, 내가 먼저 도착해 앉아 있으니 사장님이 다가와 "4인 이상 이용 가능하다"며 곤란해하셨다. 일행이 곧 도착한다고 이야기하면서, '안내문이 붙어 있는 걸 무시할 사람으로 보이나…'라는 생각에 씁쓸해졌다. 물론 규칙을 무시하고 앉는 사람도 있을 테니 이해는 간다.

또 한 번은 친구와 카페를 찾았는데, 거의 라스트 오더 시간이었다. 매장이 한산했고 빈자리가 많았지만, 단체석에는 앉을 수 없다는 안내를 받았다. 물론 운영 방침을 따르는 것이지만, "원래는 어렵지만 마지막 손님이신 것 같으니 편한 곳에 앉으세요." 같은 말을 하셨더라면 단골이 되었을 수도 있다. 그곳에서는 친구와 잠시 이야기만 나누고 곧바로 나왔다.

'말 한마디에 천냥 빚을 갚는다'는 속담을 떠올리는 일이 점점 많아진다. 우리는 착했던 군 선임보다 괴팍했던 선임을 더 오래 기억하고, 따뜻했던 동료보다 불편했던 동료를 더 자주 회상한다. 그래서인지 좋았던 공간은 쉽게 떠오르지 않아 누군가 추천을 해달라고 하면 순간 버퍼링이 걸린다. 요즘은 이런 문제를 막기 위해 즐겨찾기나 메모를 해두곤 한다.

카페든 옷가게든, 매장에서 말을 거는 것이 누군가에게는 부담이고, 누군가에게는 반가운 관심일 수 있다. 정해진 매뉴얼이 있겠지만, 결국 중요한 건 사람마다 다른 접근이다. 요즘은 키오스크가 주문을 받고, 로봇이 서빙과 반납을 돕고, 어떤 곳은 요리까지 로봇이 한다. 물론 효율적이고 편리하다. 하지만 그런 구조 속에서 주인과 손님 사이의 정은 점점 사라지고 있다. 활자의 위기라고는 하지만 책이 계속 출간되고 누군가는 계속 책을 읽듯, 공간도 여전히 사람과의 연결을 통해 의미를 갖는다.

에피토미에서 내가 다른 카페와 달리 했던 또 하나는, 영업 종료 시간에 대한 안내를 하지 않는 것이었다. 이것도 나의 개인적인 경험에서 비롯되었다. 한 번은 카페에서 친구와 진지한 이야기를 나누고 있었는데, 직원이 바닥 청소를 하며 다가오기 시작했다. 나는 말 끊기의 달인이지만, 그날의 이야기는 끊을 수가 없었다. 결국 직원이 가까이 다가와 "저희 영업시간 끝났어요"라고 말했고, 우리는 대화를 강제로 종료한 뒤 죄인처럼 빠져나왔다. 카페를 나와서도 대화는 계속되었지만, 나는 이미 대화의 흐름에서 멀어져 있었다.

물론 운영하는 입장에선 마감 준비를 해야 하고, 실제로 10시 마감이라면 9시 30~40분쯤 자리를 정리하고 싶은 것도 이해한다. 내가 아쉬웠던 건 그 날 직원이 9시 50분에 "영업 끝났습니다"라고 딱 잘라 말한 방식이었다. 같은 이야기라도 "저희 영업시간이 10시까지라서요"라고 말했다면 그곳에서의 기억이 좀 더 좋았을 것 같다. 그래서 나는 무언가 할 일이 더 남아있겠지, 할 이야기가 더 남아있겠지, 라는 생각으로 손님이 먼저 일어나시지 않으면 따로 이야기하지 않았다.

한 번은 마감을 10분 남기고 손님이 오셨는데, 언제까

지나는 물음에 "10시까지인데 괜찮으신가요?"라고 조심스럽게 여쭈었다. 그러면서 '집이 바로 옆이라 좀 더 계셔도 돼요'라고 덧붙이면, '그럼 조금만'이라며 기분 좋게 머무시는 분들도 계셨다. 반면에 마감 시간을 훌쩍 넘기고도 자리를 떠나지 않았던 일부 손님들은 나중에 영업시간을 확인하곤 "왜 마감이라고 말 안 해주셨냐"며 민망해하셨다. 어느 시점부터는 마감과 관련해서도 상황에 따라 융통성 있게 대응했다.

'1인 1메뉴'라는 원칙도 없었다. 객단가와 회전율을 생각하면, 당연히 필요한 정책일 수 있다. 손님이 여럿 와서 한두 명만 메뉴를 주문하고 오래 머무르면 속이 탈 수도 있다. 실제로 그런 분들이 있었다. 하지만 나는 오히려 그런 분들에게 티를 서비스로 내어드렸다. 어린이 손님에게는 흰 우유나 미니 초코라떼를, 숙취가 있다고 하시는 분에게는 숙취 해소 티를 드렸다. 이런 작은 배려에 손님들은 감동했고, 에피토미는 초고속 성장을… 할 뻔했다. 갑자기 소설로 넘어갈 뻔했다. 하지만 이런 나름의 서비스 마인드가 공간을 따뜻하게 만들었다고 믿는다.

　물론 세상엔 맛도 좋고 서비스도 좋은 곳이 많다. 그중 어떤 곳은 성공하고, 어떤 곳은 잊혀진다. 그 차이를 분석하지 않았다. 에피토미의 경우, 내가 중요하게 생각한 가치와 손님들이 중요하게 여긴 가치에 차이가 있었던 것 같다. 그럼에도 나는 진심이었다. 이 공간이 누군가에게는 잠시나마 편안히 머물다 가는 자리이기를 바랐을 뿐이다. 그리고 다음에 또 다른 공간을 운영하게 된다면 소소한 서비스 이상의 것을 해보고 싶다. 압도적인 서비스로 더 큰 감동을 드리고 싶다.

　내가 생각하는 서비스의 결론은 이것이다. 그 공간에서의 좋은 감정이 문을 나서는 순간까지 이어지도록 하는 것. 문을 나설 때 손님이 좋은 기분을 안고 갈 수 있도록 하는 것. 그게 공간의 역할이고, 그 공간을 만든 사람의 책임이라고 믿는다.

창작의 고통

 에피토미는 카페에 필요한 기본적인 메뉴를 갖추고 있었다. 하지만 우리만의 시그니처 메뉴는 없었다. 영업을 어느 정도 하다가 회사 후배에게 의뢰해 만든 메뉴판에 '에피라떼'라는 항목을 넣어달라고 했다. 많은 카페들이 공간 이름을 붙인 음료를 시그니처로 내세우기에, 우리도 시도해보았다. 식상한 건 싫었지만 달리 생각나는 게 없어서 그렇게 했다. 메뉴를 개발하기 전이었지만, '막상 닥치면 하게 되어 있다'는 마음으로 일단 이름부터 넣었다. 그러나 끝내 에피라떼는 실체 없는 이름으로만 남았다. 차별성을 이야기하면서 결국 남들이 하는 방식대로 하려 하니,

제대로 되지 않았다.

 메뉴 개발이 부족했던 건 사실이다. 시도는 꾸준히 했지만, 원하는 디테일을 살리기란 쉽지 않았다. 그래도 에피토미에서만 맛볼 수 있었던 메뉴 중 하나는 '분유라떼'였다. 연유 라떼와 비슷하다고 생각해서인지, 커피가 들어가지 않아 처음엔 놀라는 손님들도 있었다. 나중에는 그 사실을 알고 샷을 추가해서 드시는 분도 생겼다. 처음 주문하시는 분에겐 커피가 들어가지 않는다는 안내도 덧붙였다. 단 것을 좋아하는 나로서는 만족스러운 메뉴였다.

 이 아이디어는 어릴 적 기억에서 출발했다. 아버지는 5남매 중 맏이시고, 덕분에 나보다 어린 친척들이 많았다. 동생들이 먹던 분유를 한 숟갈씩 퍼먹던 기억이 문득 떠올라, 카페를 열기 전에 분유를 사러 간 적이 있었다. 일반 마트에는 분유를 팔지 않아서 대형 마트까지 갔다. 꽂히면 꼭 해야 하는 성격에 결국 구매를 해왔다. 대용량을 사서 매일 먹다 보니 조금은 고역이었다. 그 경험이 수년 후

에피토미에서 메뉴로 탄생했다. 분유, 연유, 우유가 들어간 단순한 조합이지만, 나도 손님도 그 라떼를 참 많이 좋아했다.

내가 술을 자주 마시게 되면서 만든 '숙취 해소 티'도 있었다. 오피스 상권은 아니었지만, 이 메뉴도 나름 인기가 있었다. 에피토미에서는 술도 함께 팔았는데, 나도 술을 마신 다음 날에는 꼭 마시곤 했다. 메뉴 역시 '사람들이 좋아할 만한 것'보다는 '내가 좋아하는 것'에 초점이 맞춰졌다. 그랬기 때문에 에피토미가 더 특별하게 느껴졌다.

누나의 제안으로 시작한 시그니처 에이드 메뉴도 있었다. 금귤 에이드와 토마토 바질 에이드는 수제로 만들었고, 만족도도 높았다. 금귤과 토마토 모두 수제청으로 만들었기 때문에 과육과 설탕의 비율이 맛을 좌우했다. 바질은 향과 비주얼을 담당했다. 이 두 메뉴는 다음 사업에서도 꼭 다시 선보이고 싶은 메뉴들이다. 물론 매출의 대부분은 커피류가 차지했다. 라떼 아트는 소박하지만 열심히 연습

했다.

　수박주스는 100% 수박으로 만들었고, 팥 라떼는 국산 팥을 사용했으며 연유를 아낌없이 넣었다. 마진보다는 맛을 우선으로 생각했다. 카페들이 점점 늘어나는 상황에도 기존 가격을 고수했다. 처음 오픈할 때는 동네 상권을 고려해 가격을 책정했다. 빅맥지수처럼 가장 중요한 지표가 되는 아메리카노 가격은 3,500원. 이후에는 테이크아웃 시 500원 할인, 10잔 드시면 1잔 무료, 선불 충전 시 10% 적립 등의 혜택을 제공했다. 적립 시스템이 따로 없었기에 모두 수기로 작성했다. 폐업할 때 인스타그램에 공지를 올렸지만 남은 적립금을 찾으러 오시는 분은 없었다. 본의 아닌 후원금이 됐다.

　누나가 만든 디저트도 참 괜찮았다. 휘낭시에와 스콘을 필두로 르뱅 쿠키, 크림치즈 쿠키, 주말 한정 조각 케이크, 파운드케이크, 에그타르트 같은 메뉴가 있었다. 누나도 핫플레이스를 찾아 다니는 걸 좋아하고, 주변에 그런 정보를 나눌 수 있는 친구들도 많았다. 나와 지인들을 실험 대상으로 삼아 메뉴를 개발했고, 대부분은 만장일치 합격으로 판매되었다. 에피토미를 정리할 무렵, 공간에 대한 아쉬움도 컸지만 누나의 디저트를 더 이상 손님들이 맛볼 수 없다는 사실이 더 슬플 정도였다.

메뉴를 기획하고 조정하던 시간 속에서 결국 기준은 '내 마음에 드는가'였다. 잘 팔린다는 트렌디한 메뉴에는 눈길조차 주지 않았다. 좋게 말하면 뚝심이고 컨셉이지만, 시장의 반응과 맞지 않으면 결국 실패에 가까워질 수 있는 태도였다.

그때도 지금도 변하지 않은 건 내가 즐겁고 행복하게 일하면 돈은 따라온다는 생각이다. 물론 그렇게 일했을 때 손님에게도 좋은 영향과 감동으로 선순환이 된다는 가정이다. 다만 간과한 것이 있다면, 너무 내가 좋아하는 것에만 집중했다는 점이다. 손님의 마음을 움직일 만한, 책으로 따지면 '팔릴 만한 이야기'가 부족했던 건 아닐까. 메뉴판, 인테리어 배치, 포스터 등 소소한 변화로 결과가 바뀌진 않았다.

  나는 에피토미가 위치한 안양에서 30년 넘게 살았다. 지리나 교통편에는 훤하다. 관악역에서 도보 7분, 버스 정류장까지는 2분, 서울, 분당, 수원, 광명 어디든 차로 30분 이내에 도달하는 위치. 여름이면 사람들이 북적이는 안양예술공원도 걸어서 7분 거리다. 이 정도면 충분히 좋은 위치라고 생각했다. 하지만 손님의 입장이 같았을까. 손님이 없을 때마다 '입지가 아쉽다'는 말을 들었다. 내게는 한 눈에 훤한 지역이라 자연스럽게 생각했던 장점들이, 다른 사람들에겐 보이지 않았다. 이 근처에서 에피토미 말고 어디를 가면 좋을지, 손님들은 알 수 없었을 것이다.

  에피토미를 중심으로 한 지도를 만들까 고민했다. 단순한 위치 정보가 아닌, 내가 알고 있는 이 동네의 매력을 담아낸 소책자를. 하지만 구상만 하고 실현하지 못했다. 에피토미의 천장 일부에 메뉴판이나 콘셉트 지도를 그려넣을 생각도 했다. 결국 둘 다 하지 못했는데 동네 안내 책자를 제작해 비치했더라면, 손님들이 이 공간을 거점 삼아 다양한 여행을 할 수도 있지 않았을까 하는 아쉬움도 남는다.

그래서 더욱 에피토미를 찾아주시는 분들께 감사했고, 무엇보다 내가 이 공간을 사랑했고, 이 동네를 사랑했다. 그래서 주변 상점과의 상생도 꿈꿨으나, 생각에 비해 실행이 부족했다. 그래서일까. 아직도 '다음에는 이렇게 해보고 싶다'는 미련이 남아 있다. 아직 완전히 혼쭐이 난 게 아닌 모양이다. 기대감이 남아 있는 걸 보면.

수익 없는 진심

주식, 코인 같은 재테크를 하지 않는다. 아마 성격 때문일 것이다. 주식을 하면 하루 종일 들여다볼 것 같고, 비트코인도 마찬가지다. 투자 관련 책과 강연이 넘쳐나는 시대지만, 묵묵히 예금과 적금을 하며 내 나름의 방식으로 돈을 모았다. 월급은 아트박스에 다닐 때보다 적어졌지만 그래도 하고 싶었던 패션 일을 했던 건 좋아하는 일을 하기 위해 일정 부분 감수했던 선택이었다. 돈에 관심이 없는 건 아니지만 에피토미를 운영한 지난 4년 동안, 단 한 번도 흑자를 내지 못했으니 돈에 관심이 없냐는 질문을 듣기에 충분했다.

진부한 말이지만, 나는 내가 돈을 부르는 사람이 될 줄 알았다. 재미있게 운영하고, 좋아해주는 사람들이 생기고, 그 흐름이 자연스럽게 매출로 이어질 줄 알았다. 구하지 않아도 돈이 쌓일 거라는 환상 혹은 믿음이 있었다. 물론 나는 돈과 서먹하게 지내고 싶지 않았다. 친해지고 싶었다. 점차 나아질 거라는 낙천주의는 점점 '그냥 이렇게 흘러가는구나'라는 체념으로 변해갔다.

돌이켜보면 돈은 중요하다. 큰돈이냐 아니냐는 차치하더라도, 삶을 영위하는 데 필수적이기에 중요하지 않을 수 없다. 하지만 나는 지금까지 돈보다 경험과 가치에 더 집중했다. 미래도 중요하지만, 행복을 기약 없이 미루고 싶지 않았다. 그래서 해보고 싶은 일을 도전하는 용기를 낼 수 있었던 것 같다. "안 되면 어쩌지?"보다는 "너무 잘되면 어쩌지?"를 먼저 걱정했던, 패기 넘치는 젊은 시절의 내가 있었다.

에피토미 운영에 관한 구체적인 비용은 다음과 같다.

초기 비용

- 보증금: 2,000만 원
- 인테리어 공사: 3,000만 원 (30평 기준)
- 가구 및 집기: 4,000만 원

월 고정비용

- 월세: 80만 원 (세금계산서 미발행)
- 전기세: 20만 원
- 수도세: 3만 원
- 인터넷: 3만 원
- CCTV: 4만 원
- 인건비: 120만 원

가게마다 다르고 사람마다 생각이 다르겠지만 나는 제법 많은 비용을 들였다고 생각한다. 눈이 높아 비싼 가구와 장비들을 선택했던 것도 한몫했다. 재료비는 보통 판매가의 30~40% 수준이었고, 겨울마다 동파로 인해 수도를 뚫는 등 예기치 않은 유지 보수 비용도 적지 않았다. 내 인건비는 책정하지 않았다. 디저트는 누나가 만들었고, 부가세를 제외한 판매금은 온전히 누나에게 주었다. 음료와 주류만 보면 한 달 매출은 150만 원에서 250만 원 선이었다. 고정비와 재료비를 제하면 수익은 제로거나 마이너스였다. 비싼 취미 생활이라는 주변의 말이 농담 같지만 진심으로 다가왔다.

"돈아, 내가 미안해. 이제 좀 친하게 지내보자…"

하루 매출이 10만 원도 되지 않는 날이 대부분이었지만, 그럼에도 나는 이 공간을 애정했다. 손에 꼽게 30~40만 원 매출이 나오는 날이면 미소가 절로 났다. 보통 그런 날은 누나의 지인들이 단체 방문했을 때였다. 정말 사업을 하고 싶었던 것인지, 그냥 하고 싶은 일을 한 것인지 되돌아보면 후자에 가까웠던 것 같다. 내 생각들이 통할까 하는 궁금증이었다. 그렇다고 내가 할 수 있는 일들을 가볍게 여긴 것은 아니다. 최선을 다했다고, 죽기 살기로 버텼다고는 못하겠지만 애정만큼은 진짜였다. 이 공간을 위해 가졌던 마음은 결코 얕지 않았다.

이렇다 할 수익은 없었지만 앞으로 무슨 일을 하든지 변함 없는 하나만큼은 분명하다. 돈은 여전히 1순위가 아니라는 것. 물론 한편으로 생각한다. 꼭 돈이 많아야 행복한 것은 아니지만, 한 번쯤은 부모님께 차 한 대, 집 한 채를 당당하게 선물할 수 있는 사람이 되고 싶다고. 작은 선물에도 '네가 돈이 어디 있어'라는 걱정이 아니라, 그냥 '고맙다'라는 말을 듣고 싶다. 캥거루 주머니에서 나와 스스로의 힘으로 어깨 펼 수 있는 날이 오길 바라며.

불경기를 지나는 마음

 2020년 2월, 공사를 한창 진행하던 시기에 감염병이 우리 모두의 삶을 바꿔놓았다. 특히 식음료업에 종사하는 나로서는 제약이 많았다. 다행히 손님들과 직접적인 실랑이는 없었지만, 마치 선도부가 된 것처럼 마스크 착용을 요청하고, 접종 여부 확인을 위해 QR 코드를 요청하는 것이 일상이었다.

 학교의 풍경, 회사 문화, 관계 방식 등 모든 것이 바뀌었다. 나는 에피토미를 오픈하며 이 거리를 바꾸고 싶었지만, 그 바람은 이루지 못했다. 대신 전염병이 거리를 바꿔놓았다. 에피토미를 운영한 4년 동안 한 번도 흑자를 내지 못했고, 오히려 정부의 코로나 지원금이 나올 때만 겨우 적자를 면할 수 있었다. 코로나가 영업에 영향을 준 것은 분명하지만, 그 탓으로만 돌리고 싶지는 않다. 그런 상황에서도 잘되고 성공한 곳들이 분명 있으니까. 내가 좋아하는 문장 중 하나는 '그럼에도 불구하고'다.

물론 코로나는 특수한 상황이지만 경제는 늘 올해가 가장 어렵고, 내년은 더 어렵다는 말뿐이다. 현실적으로 점점 어려워지는 것이 사실이라면, 그 풍파를 견디는 법을 배워야 했다. 여기서도 나의 낙천적 기질이 작동했다. 매출은 오르지 않아도, 보이지 않는 어딘가에서는 단단해지고 있다고 믿었다. 비록 눈에 잘 보이지 않아도 버티는 게 결국 강한 거라고 스스로를 다독였다. 희망이 없다면 굳이 지속할 이유가 없을 테니까.

카페를 하며 들었던 말 중 자존감을 가장 끌어올려준 말이 있다.

"너 돈 벌 줄 몰라서 안 버는 거 아니잖아."

단순한 위로가 아니었다. 내가 단지 돈을 벌기 위해서가 아니라, 하고 싶은 일을 실현하기 위해 노력하고 있다는 것을 알아주는 진심 어린 말이었다. 불경기를 견디는 상황에 가장 부합하는 말이었다. 이제 와서는 이렇게 답할 수도 있을 것 같다.

"아니, 나 돈 벌 줄 몰라…"

사실 카페 오픈 후 3개월 만에, 이전에 다녔던 아트박스에 재입사하게 됐다. 이미 알고 지낸 분들이 많았고, 오히려 퇴사 후 더 친해진 동생도 있어서 적응에는 무리가 없었다. 일도 예전에 하던 일과 비슷했기에 어려움은 없었다. 다만 불경기로 인해 내 마음이 어려웠다.

사람들은 인생이 타이밍이라고 말한다. 왜 내가 가게를 열었을 때 하필 이런 시련이 닥쳤을까. 물론 그런 생각을 하지 않은 것은 아니지만, 다른 한편으로는 그 타이밍 덕분에 인생에서 덕을 본 순간도 분명 있었을 거라는 생각에 불평을 그만두었다. 그럼에도 불구하고 계속해서 제약이 생겼고, 테이크아웃만 가능하게 되었을 때는 가게 문을 유동적으로 열었다.

처음 에피토미를 구상할 때 나는 연중무휴, 언제 와도 열려 있는 공간으로 만들고 싶었다. 원대하다면 원대한 목표였지만, 지역 경제에 작게나마 기여하고 싶다는 마음도 있었다. 하지만 손님이 거의 없는 상황에서 문을 열어봤자, 파리만 날리는 게 현실이었다. "코로나만 끝나면 잘될 거야." 처음엔 그런 위로에 고개를 끄덕였다. 하지만 시간이 길어질수록 문을 닫는 가게가 속출했고, 그 와중에도 성공하는 공간들을 보며 나는 더 이상 코로나를 핑계 삼지 않기로 했다. 타이밍이 안 좋았던 것은 사실이지만, 그게 유일하고 절대적인 문제는 아니었던 것이다.

한 달 매출보다 많은 정부 지원금을 받았을 때, 다행이다 싶으면서 슬프기도 했다. 마스크 속 답답함처럼 억눌린 마음을 뒤로하고, 그 와중에도 이 공간을 찾아주는 사람들에게 진심으로 감사했다. 물론 손님들은 알지 못했겠지만, 무덤덤한 표정으로 응대했을 그 순간에도 나는 마음속으로 반가움과 감사함을 품고 있었다.

친한 형의 팔목에는 '살아 숨 쉬는 한 희망이 있다'는 의미의 타투가 새겨져 있다. "너만 힘든 거 아니야"라는 잔인한 말보다, "같이 이겨내자"고 말해주는 주변 사람들의 따뜻함이 있었기에, 추운 겨울 같은 시기를 잘 견뎌낼 수 있었다. 이러한 따뜻함에 더해, 내가 카페를 운영하며 배운 7가지 수칙을 공유하며 이번 장을 마무리하려 한다.

에피토미에서 배운 7가지 사업 수칙

1. 합당한 비용을 지불해라

직원들은 물론이고, 나는 가족들에게도 도움을 많이 받았다. 청소, 식사, 외근 중 생긴 문제들을 해결해 준 가족들. 당연한 이야기지만 '가족이니까'라는 말로 합리화하지 않는다. 나는 늘 받기만 했다. 감사를 말로만 표현하지 않도록 한다.

2. 데이터를 활용하라

주관보다 객관이 먼저다. 데이터 위에 감을 얹어야 실패 가능성을 줄일 수 있다.

3. 성실함을 무기로 써라

가게에 있는 시간을 더 활용하자. 손님이 없어도 새로운 시도, 메뉴 개발, 내부 업무는 계속되어야 한다. 단순히 가게를 지키는 시간이 일하는 시간은 아니다.

4. 최대한 도움을 받아라

원두, 인테리어 등 거의 모든 게 지인의 도움으로 가능했다. 그러나 받기만 하지 말고 내가 줄 수 있는 부분을 생각해야 한다.

5. 알려라

지도에 등록한다고 손님이 오는 시대는 지났다. 아무리 진정성을 담아도 널리 알려야 한다. 홍보는 선택이 아닌 필수다.

6. 압도적인 서비스를 제공하라

소소한 배려도 좋지만, 기억에 남는 압도적인 서비스가 필요할 때도 있다. 물론 손님이 부담스럽지 않게 하는 것이 중요하다. 내가 할 수 있는 선에서 강한 인상을 줄 수 있는 무언가를 더하자.

7. 데드라인과 구체적인 방향을 잡아라

'언제까지'라는 기한과 '이루고 싶은' 목표는 사업을 감정적으로 끌고 가지 않기 위한 최소한의 장치다. '손님이 미소 짓는 것' 같은 추상적인 목표보다, 명확한 기준이 방향을 만든다.

나를 키우는 일들

EPITOME

CH.2
함께여서 행복한 일들

최소한의 울타리

나의 첫 직장은 아트박스였다. 회사와 잘 맞는다고 느꼈지만, 약 4년의 회사 생활 끝에 이별했다. 이후 패션 편집숍에서 3년을 보내고, 마침내 내 공간을 열었다. 에피토미가 정식 오픈한 지 3개월쯤 지났을 무렵, 감사하게도 아트박스 부사장님께서 예전 동료와 함께 가게를 방문해 주셨다. 하하호호 웃으며 시간을 보내다가, 돌아가시기 전 부사장님이 내가 판매 중이던 제품의 재고를 모두 구매하시겠다고 했다. "오늘 매출 최고 찍어봐!" 넉넉한 배포에 감격하며 제품을 챙겨드렸다. (이후로도 그날의 매출을 넘긴 적은 없었다…)

일주일쯤 지나자, 부사장님께서 회사 근처에서 점심을 함께 하자고 연락을 주셨다. '혹시 가게 운영에 도움이 될 제안이라도 해주시려나?' 하는 기대를 안고, 휴무일인 수요일에 부사장님을 만났다. 삼계탕집에서 마주한 부사장님은 예상과 전혀 다른 제안을 하셨다. "다시 회사로 돌아오지 않겠니?" 카페를 연 지 이제 겨우 3개월, 새내기 사장이었던 나는 순간 귀를 의심했다. 집으로 돌아오는 길엔 머릿속이 복잡했다.

처음엔 '아니야, 지금은 카페에 집중해야지'라고 마음을 다잡았다. 하지만 곧 '안 될 거 있나?'라는 생각이 이어졌고, 두 가지 일을 병행하는 모습이 꽤 멋있게 느껴지기도 했다. 이건 혼자 결정할 일이 아니라는 생각이 들어 부모님께 말씀드리자 무척 기뻐하셨다. 자영업이 얼마나 힘든지 누구보다 잘 알고 계셨기에, 안정적인 직장이라는 선택지가 반가우셨을 것이다.

누나도 디저트뿐 아니라 음료와 응대까지 맡아주겠다고

배려해주었다. 평일 근무 시간도 늘어나 부담이 있었을 텐데, 기꺼이 도와주겠다는 말에 나는 더 이상 망설일 이유가 없었다. 부사장님께서도 "6시가 아닌 4시까지만 근무하고, 카페가 잘되면 언제든 그만둬도 좋다"고 배려해주셨다. 당당하게 투잡이 가능한 이 상황을 받아들였다.

회사에 돌아와서 맡은 일은 온라인 MD 업무였다. 당시 회사는 온라인 사업부 확장을 추진 중이었다. 나는 원래 하던 일과 비슷하지만 전보다 더 포괄적인 업무를 맡게 되었다. 대부분 입점에 중점을 둔 일들이었다. 퇴사 전 함께 일했던 동료들이 여럿 있어 신입이라기보다는 낯익은 공간으로 돌아간 기분이었다. 겸업이 당연하지 않은 조직 문화에서, 나는 '좋게 보면 스카우트, 나쁘게 보면 낙하산' 같은 위치일 수도 있었기에 더욱 열심히 해야겠다는 마음이 들었다. 박 대리는 그렇게 고군분투했다.

카페를 운영하고 있다는 사실은 자연스럽게 회사 사람들에게도 알려졌고, 몇몇 분들은 에피토미의 단골 손님이 되어주셨다. 근무 시간 중에도 카페에 문제가 생기면 잠깐 자리를 비워야 했고, 반대로 카페에 있으면서도 회사 업무를 병행해야 하는 때도 많았다. 그렇게 시간이 흘렀고, 여전히 난 이 선택을 후회하지 않는다. 단지 가끔 "그때 이 선택을 하지 않았다면 지금 어떻게 되었을까?" 하는 궁금증이 남을 뿐이다.

감사했던 순간이 참 많다. 우리 부서의 회식이 에피토미에서 열리기도 했고, 지금은 회장님이 되신 사장님께서 디자인 팀의 회식 장소로 에피토미를 직접 제안해 주시기도 했다. 그날은 조금 일찍 퇴근해 마트에서 장을 보고, 배달 음식을 준비하며 만반의 준비를 마쳤다. 회사 기준으로 집이 더 멀어진 분들이 많았기에 더욱 죄송하고 감사했다.

즐거운 회식 자리가 끝난 뒤, 회장님의 통 큰 계산과 함께 따뜻한 격려를 받았다. 에피토미를 진심으로 좋아해주시는 회사 분들이 있었기에 다시 힘을 낼 수 있었다. 에피토미는 적자를 면치 못했지만, 빚쟁이가 되지 않은 건 회사의 월급 덕분이었다. 카페가 잘되면 언제든 그만둬도 좋다고 하셨지만, 결국 카페는 접고 회사를 계속 다니고 있다. 이제 '카페가 안 되면 회사는 계속 다녀도 좋다'로 받아들여야 할 것 같다.

카페를 하면서도, 회사를 다니면서도 '이 일을 언제까지 할 수 있을까?'라는 생각은 늘 있었다. 그저 현재에 집중하며 살자 다짐했지만, 나이가 들수록 막연한 불안감은 점점 더 구체적으로 변해갔다. 권고사직, 폐업, 이례적인 경제 위기 등 뉴스에 등장하는 단어들은 계속해서 내 안의 불안을 자극했다.

나는 한 때 두 개의 패를 들고 있었다. 지금은 그중 하나를 잃었다. 책을 쓰는 이유 중 하나는 어떻게 흘러갈지 모를 인생에 새로운 패를 더하기 위함이다. 물론 책이 어느 정도 알려지고, 수익이 생겨야 새로운 길이 열릴 것이다. 그렇지만 많은 사람들이 몰랐던 에피토미가 새로운 방식으로 기억되는 일만으로도 나에게는 의미 있는 결과다.

함께여서 행복한 일들

우리는 무심코 시작한 일, 취미로만 여겼던 일이 인생을 바꿔 놓는 경험을 한다. 어떤 이에게는 용돈벌이로 시작한 일이 본업이 되기도 한다. 지금 하고 있는 일에 경쟁력을 갖추는 것도 좋지만, 한편으로는 당장 미래를 알 수 없어도 가슴 뛰는 일을 한 번쯤 시도하는 것도 좋지 않을까? 그 일이 또 어떤 삶으로 나를 안내할지 알 수 없는 일이다.

가족과 함께라면

커피와 찰떡궁합은 역시 디저트다. 바늘과 실처럼 하나가 빠지면 허전한 존재다. 처음에는 SPC 그룹에서 일하던 친한 동생에게 디저트를 맡겨볼까 했지만, 갑자기 친누나가 "내가 할게!" 하고 나섰다. 누나도 카페 애호가이자 디저트 마니아였고, 피는 물보다 진하다는 말로 상황이 정리되었다. 그 동생과는 구체적인 이야기를 나누기도 전이라, 결과적으로는 누나가 디저트를 담당하게 됐다. 비록 함께 일하진 못했지만, 동생은 4년 내내 에피토미를 누구보다 많이 도와준 고마운 조력자였다.

누나는 내가 커피를 배우러 다녔던 것처럼 디저트를 배우기 시작했다. 같은 아파트 단지에 살던 누나의 집과 공사가 끝난 카페에는 매일 새로운 재료들이 쌓여갔고, 누나는 매일 디저트를 만들고 먹었다. 내가 다녀온 원데이 클래스와는 비교도 안 될 정도로 많은 비용과 노력을 들여 준비한 결과, 누나의 디저트는 정말 뛰어났다. 회사 동료들도 맛을 본 후 대량 주문을 하기도 했다. 누나 자신도 언젠가는 디저트 가게를 열고 싶다는 꿈이 있었기에, 에피토미는 그 꿈을 실현해볼 수 있는 소중한 기회였다.

"나는 하루에 두 번만 구울 거야"라던 누나의 원칙은 점점 지키기 어려워졌다. 장사가 잘되지 않으면서 당일 아침에 한 번 구운 디저트조차 남는 날이 많아졌고, 누나는 점점 지쳐갔다. 물론 누나의 디저트만 찾는 단골도 있었고, 나 또한 단골이었다. 단지 가족이라서가 아니라 진심으로 맛있었다. 그래서 에피토미를 널리 알리지 못한 것보다, 누나의 디저트를 더 많은 사람들에게 전하지 못한 게 더 아쉽고 미안했다. 나는 누나의 디저트를 정말 높이 평가했다.

함께여서 행복한 일들

온라인 판매라도 해보자고 했지만 그조차 흐지부지 끝났는데, 그 지지부진함이 오래도록 마음에 남는다.

다음 사업을 생각하는 지금, 더 많은 이들이 누나의 디저트를 맛볼 수 있기를 바란다. 'SISTER WILL BE BACK'이라는 마음으로, 다시 한 번 누나의 꿈을 꺼내 들 날을 구상하고 있다.

에피토미를 가능하게 해준 또 다른 이름은 부모님이다. 매일 식사를 챙겨주셨고, 카페의 청소도 도맡아 해주셨다. 내가 건강하게 지내고, 공간도 쾌적할 수 있었던 건 부모님의 조력 덕분이었다. 그래서 제안을 드리기도 했다. 아예 커피를 배우시고, 응대를 함께 해보는 건 어떠시냐고. 100세 시대에 작은 기술이 삶의 활력을 줄 수 있지 않을까 싶었기 때문이다. 하지만 부모님은 조용한 지원을 하길 원하셨고, 끝내 전면에 나서지는 않으셨다.

지금도 문득 아쉽다. 혹시 동네 카페에서 일을 하시거

나, 또 다른 방식으로 앞날이 흘러갈 수 있지 않았을까 하는 생각 때문이다. 물론 무엇보다 좋은 것은 맛있는 거 드시고, 여행 다니시며 고생하지 않고 사는 삶일 것이다. 그렇지만 다음 사업을 하게 된다면, 말하지 않아도 부모님이 먼저 조력자가 되어주실 것 같다.

가끔은 아버지의 생신 파티나 가족 행사를 에피토미에서 열기도 했다. 손녀들의 축하 속에 환하게 웃던 아버지의 모습이 아직도 사진에 남아 있다. 케이크는 누나가 직접 만든 것이라 더욱 의미가 있었다. 내가 만든 공간에서 가족의 생일 파티와 소소한 모임을 가질 수 있었던 시간은, 에피토미를 통해 얻은 가장 귀한 보상이었다.

가족의 도움이 없었다면 나는 투잡을 오래 유지하지 못했을 것이다. 어쩌면 시작할 수는 있었겠지만 이렇게 오랫동안 버틸 수는 없었을 것이다. 그래서 더욱 잘돼서 보답하고 싶었다. 하지만 폐업 직전까지, 그 이후까지도 신세만 졌다. 급하게 나오느라 처분하지 못한 물건들은 부모님 댁으로 들어갔다. 다행인 건 아버지께서 공부를 시작하시면서 에피토미에 있던 테이블과 의자들이 집에서 유용한 학습 도구가 되었다는 점이다. 필기시험에도 합격하시고, 어느덧 그 가구들은 원래 아버지 방에 있던 것처럼 익숙해졌다.

그러나 함께 있다 보면 부딪히는 일도 있다. 커피 원두나 재료 수급, 매출과 운영, 퇴근 시간 등 모든 게 논쟁의 대상이었다. 때로는 거울처럼 서로의 부족한 부분을 깨우쳐 주기도 했지만, 반대로 숨막히고 답답하게 느껴지기도 했다. 내가 괜히 이 공간을 연 게 아닌가 생각한 적도 있지만, 그런 순간은 아주 적었다. 그래서 '가족끼리는 함께 일하는 게 아니다'라는 말에 동의하지 않는다. 최소한 나에게는 가족과 함께라서 더 의미 있고, 소중한 시간이었다.

일을 하며 트러블이 생기는 건 가족이기 때문만은 아니다. 친구, 동료, 직원과도 언제든 생길 수 있다. 관계 속에는 공감도 있고 감동도 있고, 때론 무관심과 오해도 있다. 이런 감정의 조각들이 결국 나를 가꾸고, 성숙하게 만든다.

단 한 번도 서운하지 않거나 단 한 번도 고맙지 않은 관계는 없다. 그래서 감정은 쌓아두기보다 자주 나누는 게 좋다. 특히 부정적인 감정은 쌓이면 결국 짐이 되고, 보이지 않는 내장 지방처럼 감정의 숨통을 조이곤 한다. 대청소도 좋지만 매일 쓸고 닦는 편이 더 좋다.

나는 여전히 부모님의 품에 살고 있다. '결혼하면 자연스럽게 나가겠지'라는 생각으로 몇 년이 흘렀는지도 모르겠다. '이제는 나가야지'라는 생각을 하다가도 통장 잔고를 보면 곧 사라진다. 혼자 살아본 적 없는 내가 잘 먹고 잘 살 수 있을까 하는 두려움도 있다. 죄송스러움과 복잡한 감정이 교차한다. 나도 언젠가는 가정을 꾸려서 부모님 댁에 놀러 오는 사람이 되고 싶지만, 아직은 요원해 보인다.

그럼에도 나는 가족이라는 울타리 안에 머물고 있는 지금의 나를 인정하고, 여기까지 나를 이끌어준 사람들의 지지에 감사한다. 그리고 나와 비슷한 울타리 안에 있는 누군가도 한 발을 내딛을 수 있기를 진심으로 응원한다.

같이 일할래요?

대학생 때부터 나름 아르바이트를 해왔지만, 관리자가 된 상황에서 직원들을 어떻게 교육하고 이끌어야 할지 고민이 많았다. 과거 점장직 제안을 받았을 때 학업을 택했던 기억이 스쳐가며, 그 선택이 아쉽게 느껴지기도 했다. 그땐 점장이었지만 지금은 사장이다. 예전 아트박스에서 퇴사를 앞두고 나의 빈자리를 채울 후임자의 이력서를 검토하던 경험이 떠오르며, 누군가의 이력서를 마주하는 일이 낯설게 느껴졌다. 투잡을 시작하면서 공간 운영 경험도, 커피에 대한 전문 지식도 많지 않은데 누군가에게 매장 대부분을 맡겨야 하는 상황이 되었다. 그나마 손님이 많지 않았기에 다행이긴 했지만, 여간 불안한 게 아니었다.

 일반적인 구인 사이트에 공고를 올리고 몇몇 지원자와 면접을 진행했다. 카페를 오픈했을 때 손님들이 어떻게 알고 찾아오셨는지 신기했던 것처럼, 구직자들이 어떻게 이 공간을 보고 지원하게 되었는지 그 자체가 놀라웠다. 지원자 중에는 경험이 있는 사람도 있었고, 없는 사람도 있었다. 결과적으로 나는 경험이 없는 친구를 채용했다. 물론 경험이 없기 때문에 뽑은 건 아니었다. 괜찮아서 뽑고 보니 경험이 없었다. 같은 아파트 단지에 살고 있어 출퇴근에 부담이 없었고, 조용하고 선한 인상에 어딘가 나와 닮아 보이는 차분한 기운이 마음에 들었다. 어린 친구였는데 인상도 좋고 열심히 일할 것 같았다.

 이제 와서는 무슨 생각으로 그랬나 싶기도 하다. 누나도 "생초보를 데려다 놓으면 어떡하냐"며 한소리 했다. 그래도 나는 이 공간을 단순한 카페로 여기지 않았고, 지난 경험보다는 앞으로 함께 성장할 사람을 찾고 싶었다. 물론 교육 매뉴얼도 체계적이지 않았고, 나 역시 첫 직원 채용이었기에 우왕좌왕하기는 마찬가지였다. 수줍음 많은 성격까지 나와 닮은 그 친구는 서서히 업무에 적응해갔고, 열심히 일했다. 하지만 주휴수당 문제로 인해 또 한 명의 직원을 채용해야 했다.

  두 번째 직원은 구직자가 아니라 손님으로 왔던 분이었다. 누나가 먼저 "저 손님, 프랜차이즈 카페에서 일하는 거 본 적 있어"라고 말했고, 며칠 후 그 손님은 어머님과 함께 카페를 다시 찾았다. 카페가 예쁘고 디저트가 맛있어서 어머니를 모시고 왔다고 했다. 조심스레 아르바이트 제안을 했는데 흔쾌히 수락해주었다. 훤칠한 키, 선한 인상, 그리고 나와 같은 아파트 주민이라는 인연도 있었다. 나는 그 친구를 '기린'이라고 불렀고, 키 차이 때문에 가능한 멀찍이 서 있었다. 퇴사 후에도 가끔 일손이 필요할 때 도움을 요청했고, 에피토미 인스타그램에 올라간 게시글 중 여러 건이 그 친구의 손에서 만들어졌다. 손님으로 만난 인연이 동료가 되는 과정, 예상하지 못한 관계로 이어진 것이 신기했다.

  두 명 모두 근무가 어려운 날에는 어쩔 수 없이 내가 휴가를 내고 매장을 지킨 적도 있었다. 그래서 채용을 할 때 괜찮은 사람들을 미리 후보군으로 저장해두곤 했다. 유동적인 상황을 설명하고 상대가 괜찮다고 하면 함께 일했다. 그 후로는 고마운 마음에 대타가 필요 없을 때도 몇 번 함께 근무하거나, 내가 일부러 자리를 비우기도 했다. 다들 참 착한 친구들이었다.

  통상적으로 회사도 알바도 경험이 있는 '중고 신입'을 선호하지만, 누군가 그 출발선을 열어주지 않으면 신입은 영원히 준비되지 못한다. 나는 그 시작을 에피토미에서 할 수 있게 해주고 싶었다. 열심히 하겠다는 의지도 있었고, 나름의 감도 있었다. 평소엔 스스로 리더십이 있다고 생각했지만, 실제 운영에서의 리더십은 실망스러운 수준이었다. 직원들이 알아서 느끼고 움직여주기를 바랐다. 항해에 비유하자면 방향도 알려주지 않고 운전대를 맡긴 셈이다.

하루 평균 7시간 근무에 매출은 뻔했고, 손님이 많지 않아 상대적으로 시간이 남았다. 그 시간에 공부를 해도 좋다고 했고, 카페 창업에 관심 있는 친구에게는 운영자의 입장에서 공간을 바라보며 메뉴나 운영에 대한 아이디어를 자유롭게 내달라고 했다. 회식도 거의 없었고, 교대하면서 "오늘도 고생했어요"라는 말이 소통의 대부분이었다. 에피토미에서의 7시간이 그저 '일하는 시간'이 아니라, 그들 각자에게도 의미 있는 시간이기를 바랐다. 오래 함께 일하자고, 함께 성장하자고 격려했으면서 그러기 위한 커뮤니케이션도 부족했다. 시간만 흘러가게 두었던 내가 에피토미에서 함께 성장해보자고 말하는 게 우습게 느껴졌다.

에피토미에서 함께한 직원은 총 10명 정도다. 뽑을 때마다 각자 뚜렷한 이유가 있었다. 정이 많아 보여서, 야망이 있어 보여서, 경험이 풍부해서, 혹은 느낌이 좋아서. 카페의 분위기를 구성하는 건 공간만이 아니라 일하는 사람도 포함된다고 생각했기에, 외적인 인상도 고려하지 않을 수 없었다. 면접 중 아이 손님에게 밝게 손을 흔들던 친구는 따뜻한 응대를 잘하는 사람이었고, 실제로도 그렇게 일했다.

어떤 책에서 데이트 중 눈사람을 발로 차는 남자의 모습을 보고 이별을 결심했다는 내용을 본 적 있다. 나 역시 일상의 사소한 장면이 중요한 결정을 만드는 계기가 될 수 있다고 생각한다. 결국 가장 중요한 기준은 매너, 예의, 그리고 사람을 대하는 태도였다.

스무 살 초반의 친구들 사이에서 나이가 있고 경험도 풍부한 직원은 특히 인상 깊었다. 그러나 에피토미의 정형적이지 않은 운영 방식이 그에게는 어려움이었다. 컵도 제각각이고, 레시피의 명확한 구분도 없어 일관성을 유지하지 못했다. 아쉬운 대로 그가 음료별로 컵을 왼쪽과 오른쪽으로 구분해보기도 했지만, 결국 다시 혼란이 반복되었다. 대형 프랜차이즈에서 일하던 그는 효율성과 체계화에 익숙했고, 그의 말 한마디 한마디가 나에게 큰 자극이 되었다.

에피토미가 달라질 수도 있겠다는 기대가 잠시 있었지만, 결국 그는 더 유명한 카페로 자리를 옮겼다. 어쩌면 그때 조금 더 각성하고 변화했다면, 지금의 에피토미는 다른 모습이었을지도 모르겠다.

운영 막바지에 한 친구는 에피토미 로고 자수를 선물해 주었고, 시험으로 바쁜 와중에도 선물을 들고 찾아온 친구도 있었다. 필요할 때 기꺼이 와서 일을 도와준 친구 등등 정말 감사한 순간들이 많았다. 폐업 전에 함께했던 직원들과 마지막으로 한 번 모이고 싶었지만, 계약 종료를 착각해 분주하게 정리하다 보니 끝내 연락하지 못했다. 왜인지 그 순간만큼은 평소와 다르게 머뭇거렸다. 언젠가는 못다 한 '에피토미 어벤져스' 모임을 꼭 해보고 싶다. 손님들에게도 감사하지만, 내부 고객이었던 직원들이 있었기에 에피토미가 더 빛날 수 있었다.

내가 회사를 병행하지 않았다면 이 친구들을 만나지 못했을 것이다. 직원 없이 모든 걸 혼자 감당하려 했을지도 모른다. 매출이 지금보다 높았을지도 모르고, 혼자서 더 오래 쓸쓸히 그 공간을 지켰을지도 모른다. 그런데 직원이 있었기 때문에 그 친구를 보기 위해 찾아오는 사람들도 생겼다. 어떤 분은 직원이 아이를 잘 돌봐준다고 매주 찾아왔고, 어떤 이는 응원하러 오기도 했다. 나 혼자였다면 만나지 못했을 얼굴들이었다. 에피토미가 더 많은 사람과 연결될 수 있었던 건 직원들의 몫이 컸다.

지금 에피토미가 여전히 운영 중이고 내가 직원을 또 뽑는다고 해도 기준은 크게 달라지지 않을 것이다. 다만 사장이면서도 직원들에게 너무 기대려 했던 마음은 고쳐야겠다고 생각한다. 보스와 리더에는 차이가 있다. 보스는 뒤에서 지시하지만 리더는 먼저 앞장서서 끌고 간다. 사장이라는 이유로 직원보다 뛰어난 것도 아니다. 나 또한 그들에게서 많은 영향을 받고, 많은 것을 배웠다. 다만 그들에게 기대고 바라기 전에 내가 먼저 방향과 목적지를 정확히 알려주는 항해사가 되어야 할 것 같다.

덕분에 즐거웠습니다

내가 생각하는 '단골'이란, 단지 자주 오는 사람이 아니라 '한 번 더 찾아와 준 사람'을 의미한다. 에피토미도 누군가에게는 다시 한 번 들르고 싶은 공간이길 바랐다. 그리고 비록 단 한 번의 방문이었더라도 그 선택이 오래 기억에 남는 경험이 되었기를 바란다. 사장이 되고 보니 단골이라는 개념은 숫자가 아니라 감정으로 남는 사람들이었다.

매일같이 참새가 방앗간 들르듯 찾아오던 단골 손님들은 에피토미라는 공간을 지속하게 한 힘이었다. 멀리 타지에 계시는 분은 안양에 올 일이 생기면 꼭 들르겠다고 말해주셨는데, 타지라 자주 못오는 아쉬움의 짧은 인사 한마디가 너무 감사하고 벅차도록 행복했다. 사실 나는 새로운 것을 좋아하는 편이라 단골이라 부를 만한 가게가 없다. 늘 가보지 않은 곳, 다른 분위기의 공간을 찾아다니기 때문에 한 번 간 곳을 또 가는 일이 드물다. 그래서인지 이곳을 꾸준히 찾아와주는 분들이 내겐 더욱 고마웠다.

 카페를 운영하다 보면 컵이 깨지는 경우가 있다. 한번은 컵이 깨지는 소리가 나서 급히 달려가 손님이 괜찮은지 확인하며 뒷정리를 했다. 괜찮다고, 다치지 않아 다행이라고 말했지만, 며칠 뒤 그 손님이 쭈뼛거리며 카페를 다시 찾았다. 학생 같아 보였는데, 그가 건넨 신문지 포장 안에는 깨진 것과 동일한 컵이 들어 있었다. 흔한 디자인도 아니고, 내가 발품 팔아 구했던 컵이었기에 그 정성이 더욱 놀랍고 감동스러웠다. 이후에도 그 손님은 종종 찾아왔으며, 한동안 뜸하다가 1~2년 후 다시 방문했을 때는 더없이 반가웠다.

 또 한 번은 오픈 초기였던 어느 날, 평소 연락을 자주 하지 않던 친구가 마감 무렵 불쑥 찾아왔다. 오픈을 축하한다면서 케이크와 봉투를 내밀었다. 예상치 못한 선물인 만큼 더 깊이 감동했다. 지금은 함께 모임도 하고 전보다 훨씬 가까워졌다. 에피토미가 다시 이어준 인연이라고 할 수 있다.

술을 마시는 모임 중 있었던 에피소드도 기억에 남는다. 밝은 2층 공간인 에피토미는 누가 봐도 안전한 분위기였지만, 처음 오는 분에게는 생소하고 걱정스러울 수 있다. 한 여성 참여자는 혹시 술에 약이라도 탈까 봐 올지 말지 고민했다고 했는데, 결국 새벽 두 시까지 남아 있었다. 내가 집에 가시라고 등을 떠밀었을 정도다. 그날 이후 그 친구는 단골이 되었고, 지금도 잘 지내고 있다.

늘 "아아 한 잔 부탁드려요"라며 정중하게 주문하던 손님도 있었다. 그 말투가 인상 깊어 매번 고개를 끄덕였지만, 반대로 나갈 때는 늘 인사 없이 쿨하게 사라졌다. 독특한 사람이라고 생각했다. 하루는 무선 이어폰을 두고 간 것 같다는 전화를 받고 찾아 보니 그 손님이었다. 허겁지

겁 달려온 그는 감사 인사를 겸해 쿠키를 사갔다. 하지만 며칠 후, 바쁘게 나가던 그는 다시 이어폰을 두고 갔고, 바로 쫓아가 골목으로 향하던 그를 붙잡고 돌려줄 수 있었다. 그날은 지인과 함께였는데, 재미있는 사람이라고 생각해서 치팅데이를 함께 하자고 제안했다. 그렇게 또 하나의 인연이 이어졌다.

특이했던 손님은 혼자 오셔서 음료 세 잔, 디저트 두 개를 주문하던 분이었다. 처음엔 일행이 있는 줄 알고 음료를 나눠 드릴지 여쭤봤는데, 모두 본인이 드실 거라 하셨다. 놀라움도 잠시, 감사함을 담아 재빠르게 준비해 드렸지만 오랜 통화로 인해 주변 손님들이 불편해하셔서 조심스럽게 양해를 구했다. 이후 발길이 한동안 뜸하시다가 오랜만에 오셔서 그 패턴 그대로 음료와 디저트를 즐기고 가셨다. 그것이 마지막이었다. 객단가 최고의 손님.

미성년자처럼 보이던 손님이 와인을 주문했을 때는 신분증을 확인했는데, 의외로 거의 서른 살이었다. 웃으며 술을 건넸고, 이후에도 여러 번 와인을 마시러 왔다. 그러던 어느 날, 용기내듯 와인을 함께 마시자고 제안했고, 마침 함께 있던 지인과 함께 세 사람이 나란히 잔을 부딪쳤다. 그 이후 우리는 친해졌다.

에피토미는 포트와인이라고 주정 강화 와인을 주로 판매했는데, 아무래도 당도가 있어서인지 어디서 날파리 같은 것이 날아들기도 했다. 누군가는 불쾌함을 내비칠 수 있는 상황에서 날파리가 잔에 빠졌다며 천진난만하게 '얘네들이 헤엄을 쳐요'라고 웃으며 말씀하셨고, 위트있게 말씀해주셔서 감사했다. 물론 즉시 바꿔드렸다.

이밖에도 수원에 살지만 일주일에 한두 번씩 과외하러 와주신 분, 가족이 함께 와서 토마토 바질 에이드를 포장해가신 분, 한 손에 책을 들고 라떼를 마시던 분들, 교회에서 단체로 방문해 주시던 분들까지. 기억에 남는 분들이 참 많다.

폐업 후 친해진 동네 친구에게는 "이렇게 가까운 곳에 살면서 어떻게 한 번도 안 와봤냐"며 괜한 원망을 하기도 했다. 나 역시 에피토미 맞은편에 있는 미용실도 한참 후에야 존재를 알게 되었으면서, 게다가 나 역시 2층 이상의 공간은 모르고 지나쳤던 경험이 수없이 많았으면서. 결국 모두가 알아야 한다고, 모두가 와봐야 한다고 생각한 내 욕심이 조금 우습게 느껴졌다.

그럼에도 셀 수 없이 많은 사람들이 에피토미를 찾아와주었기에 풍성한 날들을 보냈다. 차곡차곡 쌓인 이야기 덕분에 내 삶도 조금씩 더 자라날 수 있었다.

나비 효과를 믿어요

 에피토미에는 평일, 주말 가릴 것 없이 모임이 자주 열렸다. 누군가는 커피를 마시러, 누군가는 새로운 사람을 만나러, 누군가는 똑같은 일상에 새로움을 더하고 싶어서 왔다. 그런 모임들의 목적은 분명했다. 하나는 공간을 알리는 것이었고, 또 하나는 잘 팔리지 않던 주류를 판매하기 위함이었다.

 에피토미는 커피만 파는 공간이 아니었다. 술도, 책도, 옷도, 아주 소량의 굿즈까지 판매했다. 하지만 현실은 냉정했다. 메뉴판에 당당히 이름을 올린 술은 눈에 잘 띄지 않앉고, 어떤 손님은 인테리어 소품 정도로 여겼다. 직접 발품 팔아 어렵게 들여온 희귀한 주류들이 먼지만 뒤집어쓰고 있는 모습을 보면 섭섭했다. 결국 나는 술을 콘텐츠화하기로 했다. 팔기 위한 음료가 아니라 새로운 경험을 제안하는 매개로.

술이 들어오면 당연히 마셔보아야 했다. 맛도 모른 채 팔 수는 없었다. 모임을 진행하며 나도 함께 마셨고, 마시다 보니 하루가 이틀이 되고, 이틀이 일주일 되고, 어느새 매일 술을 마시는 사람이 되었다. 물론 여기서 얻은 교훈이 '역시 술은 먹다 보면 늘더라'는 아니다. 모임이라고 해서 항상 술이 중심이었던 것도 아니다. 독서 모임, 스포츠 경기 관람, 가벼운 수다까지 다양한 형태로 기획했고, 덕분에 새로운 얼굴과 에피소드가 누적되었다.

에피토미라는 이름은 본래 '완벽한 본보기'라는 뜻을 가진 단어지만, '에피소드'라는 의미도 있다. 그래서 로고도 책을 모티브로 만들었다. 공간 안에 다양한 이야기들이 한

함께여서 행복한 일들

장 한 장 채워지기를 바랐고, 그 이야기가 더 많은 사람들에게 읽히고 연결되기를 꿈꿨다. 나는 이 공간이 작은 서사의 교차점이 되기를 원했다.

  홍보의 방식은 소박했다. 오픈 11시 이전에 등산을 다녀오며 등산객들에게 소문을 내고, 쉬는 날에는 회사 근처에서 모임을 열며 다시 한번 공간을 알렸다. 그렇게 하다 보니 어느 순간 통장은 텅장이 되었고, 술을 마시는 배만 불러왔다. 2년에 한 번 진행하는 회사 건강검진에서 처음으로 간 수치를 정밀하게 확인했는데, 다행히 별 이상은 없었다. 덕분에 지금도 이렇게 글을 쓰며 술 한 잔을 들이켜는 건… 농담이다. 에피토미를 시작하기 전까지는 블랙아웃을 한 번 경험했지만, 이후에는 기억을 잃는 일이 반복되었다. 놀라운 건 그런 와중에도 가게 뒷정리는 완벽히 했다는 점이다. 정리 본능이 무의식 속에 남아 있었던 걸까.

한 플랫폼을 통해 게스트로 참가한 모임에서 호스트의 역할이 중요하다는 사실을 깨달았다. 내가 운영자로 참여할 때는 참가자들이 알아서 잘 놀고 이야기할 줄 알았다. 참여를 원해서 오신 분들이기 때문이다. 그러나 직접 경험해 보니 노력은 하지만 아이스브레이킹이 쉽지 않았다. 가만히 둬도 알아서 잘 흘러갈 거라는 생각을 접게 되었다.

모임 참가자 중 부부 손님이 와주신 적이 있는데, 사주와 타로를 봐주며 유익한 재미를 주기도 하셨다. MBTI를 분석해주는 분과 나의 '연애 컨설팅'을 맞바꾸어 콘텐츠를 교환한 경험도 있다. 어떤 시나리오가 아니라 자연스럽게 이어진 것이었다. 오히려 그 자연스러움 속에서 더 깊은 유대가 생겼다. 때로는 하나하나 계획하지 않을 때 가장 완벽에 가까워질 수도 있는 거였다. 우리의 모임도 그런 생동감이 실현되는 장이었다.

한때는 공간을 알리면 그 매력에 빠져 사람들이 알아서 손님을 데려올 거라 믿었다. 단단한 착각이었다. 손님은 기다린다고 오지 않았고, 만들어낸다고 소문이 나는 것도 아니었다. 지금에야 말할 수 있다. 나비 효과는 의도하지 않은 곳에서 일어난다. 내가 아등바등 날개를 퍼덕이며 만든 작은 진동이 당장의 결과로 이어지지는 않았지만, 몇 달 혹은 몇 년이 지난 뒤 뜻밖의 인연으로 되돌아오는 경우가 많았다. 내가 무심코 했던 말, 누군가에게 권한 모임, 조심스레 건넨 술 한 잔. 그런 것들이 훗날 관계로, 기억으로, 감동으로 돌아왔다.

코로나 시기에 나는 배달을 하지 않으려 했다. 공간을 어필하고 싶었기 때문이다. 하지만 비대면이 일상이 된 상황에서 고정비를 감안하지 않을 수 없었고, 시범적으로 배달을 시작했다. 플랫폼 수수료와 마진을 계산하면 도저히 남는 장사는 아니었지만, 그래도 리뷰 하나, 쌓여가는 기록 하나가 언젠가 방문을 부를 수 있을 거라는 마음으로 시작했다. 물론 현실은 녹록지 않았다. 배달 주문은 거의 없었고, 직접 차를 몰고 다녀와야 했기에 시간과 체력 소모가 컸다. 갑자기 손님이 몰려오는 상황에 대비할 수 없었고,

"왜 배달을 하냐"는 잔소리도 들었다. 결국 여러 플랫폼 중 우리 상황에 맞는 곳 하나만 남기고 정리했다. 생각처럼 무언가를 꾸준히 지속하는 것, 그리고 그것이 좋은 결과로 발현되기를 기다리는 일은 정말 어렵다. 하지만 나는 지금도 그 작은 날갯짓이 파동을 만든다고 믿는다.

시간은 단지 흐르는 것이 아니라 축적되는 것이다. 우리의 노력이 즉각적인 반응으로 보답받지 않더라도, 어딘가에 차곡차곡 쌓이는 중이다. 그 임계치를 넘어설 때 기적처럼 나타날 것이다. 지금 결과가 없다고 해서 무의미한 것은 아니다. 아무 일도 일어나지 않는 것처럼 보일 뿐, 반드시 작동하고 있으니까. 단지 내가 모임을 열었다는 사실보다, 그 모임으로 누군가의 기억이 새롭게 쓰였다는 사실을 믿는다.

함께여서 행복한 일들

든든한 지원군

카페를 운영하던 내 곁에는 같은 업종에서 이미 사장으로 일하고 있는 두 사람이 있었다. 존재만으로도 초보 사장에게 정말 큰 힘이 되어주었다. 그들은 조언자였고, 동료였고, 무엇보다 마음을 나눌 수 있는 사람이었다. 커피 머신이 갑자기 말을 듣지 않을 때, 손님 응대가 생각처럼 되지 않을 때, 메뉴 구성에 대한 고민이 깊어질 때 나는 그들에게 자연스레 손을 뻗었다. 그들은 아는 것을 아낌없이 공유해주었고, 몸을 움직이는 것도 마다하지 않았다. 휴무날 멀리서 달려와 주거나, 마감 후 늦은 밤에 들러 커피 한 잔을 하기도 했다. 누군가의 경험은 말보다 훨씬 든든한 도움이다.

  사정상 운영을 접게 된 친구는, 정리하며 남은 비품들을 아무 조건 없이 박스째 내게 보내주었다. 나는 그 박스를 받고 잠시 멈칫했다. 그 안엔 커피도, 진열도, 소소한 장비도 있었지만 어쩐지 그보다 더 무거운 무언가가 들어 있는 듯했다. 내 미래의 한 장면을 미리 받아보는 듯한 쓸쓸함도 있었다. 내가 가고 있는 길을 이미 걸어 본 사람, 같이 걸어주는 사람으로서 끝까지 나를 응원하는 마음도 거기 있었다. 이 글을 쓰는 이유도 다르지 않다. 누군가에게는 무수한 창업 에세이 중 하나일 수 있지만, 누군가에게는 미리 마주치는 마음의 풍경이 되었으면 하는 바람이다. 인간은 타인의 이야기를 거울 삼아 자신을 비추어본다. 그래서 이야기는 공유될 때 비로소 온전해진다.

  에피토미에 원두를 공급해주었던 사장님은 지인이셔서 더욱 좋은 조건으로 제품을 제공해주었다. 커피에 서툴던 초반에 커피를 어떻게 다루어야 하는지 직접 알려주기도 했다. 형님의 원두는 맛이 좋았고, 이 일에 쏟은 정성과 철학을 알고 있었기에 나는 오랫동안 감사한 마음으로 그 원두를 사용했다. 하지만 시간이 지나면서 회사 일로 인해 평일에 내가 매장에 머무는 시간이 거의 없어, 세팅이 까다로운 원두는 아르바이트생이나 누나에게 부담이 되기 시작했다. 사실 내가 있는다고 해서 무언가 드라마틱하게 바뀌는 것도 아니었다. 그러던 중 우연히 접한 다른 업체의 원두는 상대적으로 편차가 적었고, 일단 그 업체의 원두를 써보기로 했다.

문제는 그 이후였다. 형님께 상황을 제대로 설명하지 않은 채 원두를 바꾸면서, 관계에 균열이 생겼다. 내겐 효율적인 선택이었지만, 형님에게는 배려가 없다고 느껴졌을 것이다. 누나의 지인이기에 알아서 잘 말해줄 거라고 짧게 생각한 탓도 있었다. 나는 형님을 통해 우리가 관계를 대하는 방식이 얼마나 일방적일 수 있는지를 처음 실감했다. 이 경험은 나에게 어떤 부채감을 남겼다. 좋은 조건으로, 애정으로, 신의로 이어지던 관계에 적절히 반응하지 못했고, 결국 그 실마리를 풀지 못한 채 어정쩡하게 마무리됐다. 나는 그 일을 이후로도 오래 마음에 담고 있었다. 단순히 거래의 끝이 아니라, 소중한 관계를 지키지 못했다는 자책으로.

누나의 지인 중에는 세무를 도와주신 분도 계셨다. 1년에 두 번, 내게는 낯설고 복잡한 세무 신고를 깔끔하게 처리해주셨고, 카페를 직접 방문해 응원도 해주셨다. 나는 이분께 또 다른 지인을 소개해드리기도 했고, 신뢰 안에서 성실하게 일을 해나갔다. 도움을 받기만 하는 관계가 아니라, 서로에게 보탬이 되는 관계가 좋다는 걸 느꼈다.

한번은 누나의 지인을 통해 진로 강연 제안이 들어온 적도 있었다. 고등학생들 앞에서 '내가 좋아하는 일을 하며 사는 것'에 대해 이야기해줄 수 있겠냐는 제안이었다. 낯가림이 심한 내가 사람들 앞에 선다는 건 큰 도전이었지만, 강연하는 것이 꿈이기도 해서 기뻤다. 이야기를 들려주는 사람이 된다는 건 그 자체로 삶이 하나의 문장이 되는 일이니까. 비록 그 강연은 무산되었지만, 언젠가 다시 기회가 찾아오면 이번엔 꼭 마이크를 잡고 싶다.

  그 외에도 직접적으로 카페 운영과 관련된 건 아니었지만, 그저 곁에 있다는 것만으로 든든했던 사람들이 있다. "넌 잘될 거야"라며 아무 조건 없이 응원해준 친구, 멀리서 일부러 찾아와 홍보 대사를 자처한 지인들. 누군가는 인스타그램에 포스팅을 올려주었고, 누군가는 한마디 격려를 건넸다. 매출보다 따뜻한 말 한마디가 큰 버팀목이 되어준 날이 있었다. 덕분에 나는 혼자라고 느낄 틈이 없었다.

  그래서 이 책은 결국 나만의 기록이 아니라 그들과의 공동 작업물이다. 에피토미라는 이름 아래, 공간과 사람이 교차했던 시절의 마음들을 한 장 한 장 엮어 놓는 일. 그것이 지금 내가 할 수 있는 가장 진심 어린 보답이다. 점점 더 개인화되는 사회에서 우리는 모두 누군가의 도움을 필요로 하며, 또 서로에게 손을 내밀 준비가 되어 있어야 한다. 혹시 잊고 있었던 누군가의 이름이 문득 떠오른다면, 조용히

안부 인사를 건네보는 건 어떨까. 그 한마디가 다시 관계의 불씨를 살릴지도 모른다.

말의 무게

사업을 시작하면 한 번쯤 손익분기점을 넘긴다거나, 2호점을 낸다거나, 폐업을 고민하게 된다. 나도 예외는 아니었다. 좋은 마음으로 해 보려고 노력했지만 시간이 흘러도 명확한 방향을 정하지 못한 채, 매출이 점점 줄어드는 상황을 견뎌야 했다.

다른 수익 모델을 고민하기도 했다. 코인노래방 같이 전혀 다른 업종을 떠올려보기도 했고, 공간 임대업을 해볼까 생각도 했다. 하지만 어디까지나 머릿속에서만 그려본 시나리오였다. 사실 이 공간 하나도 벅찬데 사업을 확장한다는 건 비현실적인 선택이었다. 이곳의 수익이 적더라도 다른 수입 구조를 만들어 상쇄할 수 있다면, 적어도 버틸 수는 있지 않을까 하는 생각이었다.

오픈하고 반년쯤 지났을까, 체험단 리뷰 마케팅을 해본 적이 있다. 업체를 통해 일정 조건의 메뉴를 제공하면, 리뷰어가 일반 손님으로 방문해 후기를 남기는 구조였다. 당연히 광고 전화는 많았지만 대부분 거절해왔다. 그러다 어떤 영업 사원이 학연을 언급하며 친근하게 다가왔고, 계약이 성사되면 본인이 차장으로 승진하고 결혼도 할 수 있다고 했다. 마음이 흔들렸다. 지금 생각하면 참 순진했다. 나는 왜 내 앞가림도 잘 못하면서 남을 돕는다고 나선 걸까.

그렇지만 막상 계약 이후 관리도 미흡했고, 한 번 와 보지도 않았다. 몇 번 해보고 나서 중단했다. 손해 금액은 크지 않았지만, 허무함은 금액과 별개였다. '진정성 있게 천천히 가겠다'는 원칙이 흔들릴 때는 대부분 이런 경우였다. 그럴 때마다 생각했다. 초반부터 공격적인 마케팅을 하든지, 아니면 더 빨리 사업을 정리했어야 할까. 이도 저도 아닌 상태가 가장 지치게 만든다.

  스크린 광고판으로 사기를 당한 적도 있다. 설치만 하면 광고 영상을 틀 수 있고, 매달 나가는 비용은 페이백으로 보상해준다고 했다. 간판을 따로 달지 않으려던 터라 대안이 될 수 있겠다 싶어 계약했다. 하지만 너무 높이 달려 있어 낮에는 시선이 잘 안갔고, 영상 교체도 까다로웠다. 담당자가 와서 처리해주기도 했지만 결국 업체는 몇 달 뒤 연락이 두절됐다. 잘 알아보지 않고 계약한 것에 대한 대가라고 생각하며 털어냈다. 물론 지금도 생각하면 한번씩 화가 나긴 하지만.

  이런저런 방법을 써 보긴 했지만 손님이 점점 줄어드는 상황에서 내가 택한 방식은 '버티기'였고, 그 선택이 맞았는지에 대해서는 지금도 확신할 수 없다. 그때 더 밀어붙였거나, 더 빨리 결단을 내렸다면 결과가 달라졌을지도 모른다. 책을 쓰는 이 순간에도 그런 고민은 여전하다.

그러나 단순히 결과만 보면 보이지 않는 것들이 있다. 만약 매출만 보고 초반에 사업을 접었다면, 지금 이 글은 세상에 나오지 못했을 것이다. 이 사업 경험이 분명한 반면교사가 되었고, 이후의 의사결정에 중요한 기준이 되어줄 것이다. 성공했다면 "봐, 내가 뭐랬어"라고 자신 있게 말했겠지만, 상황이 좋지 않았기에 오히려 "봐, 내가 뭐랬어"라는 말을 수없이 들어야 했다.

나이가 들수록 세상에 정해진 정답은 없다는 생각이 든다. 한때는 어떤 길이 옳고 그르며, 어떤 결정은 반드시 실패로 이어진다고 믿었던 적도 있다. 지금은 모든 선택에 정답은 없고, 결과는 각자의 상황과 맥락에 따라 달라진다고 생각한다. 하나의 문이 닫히면 그 옆의 문이 열린다. 때로는 곁길이 가장 아름다울 때도 있다. 성공하는 사람의 방식이 꼭 나에게도 통할 거라는 보장은 없고, 반대로 누군가의 실패가 반드시 내 실패로 이어지는 것도 아니다.

가끔 '손만 대면 성공한다'는 식의 사람들이 있다. 무슨 일이든 잘 풀리는 듯 보이고, 선택마다 결과가 따라오는 사람들. 하지만 그런 사람들도 들여다보면 시행착오가 있고, 결정의 무게 앞에서 고민하던 흔적이 남아 있다. 성공률은 높일 수는 있겠지만 0%도 100%도 존재하지 않는다. 결국 중요한 건 정확한 예측이 아니라, 결정 이후 책임을 어떻게 지고 다음을 준비하느냐의 문제다. 그래서 나는 늘 귀는 열어두되, 결정은 스스로 내리고 싶었다. 결과를 책임져야 하는 사람은 결국 나이기 때문이다.

결혼식을 하면 인간관계가 정리되듯, 장사를 하면서도 관계가 많이 바뀌었다. 기대했던 사람은 오지 않고, 전혀 예상하지 못했던 사람이 찾아왔다. 오랜만에 찾아온 친구가 "재고 많은 걸로 줘", "만들기 쉬운 걸로 줘"라고 말하면 고마우면서도 씁쓸했다. 돈 내고 먹는 건데 먹고 싶은 걸로 먹으라고 했지만, 가게의 사정을 걱정해주는 마음이 오래 기억에 남았다. 나 역시 인간관계가 정리되긴 했는데, 아쉬운 사람을 내보내기보다는 좋은 사람들을 남기는 쪽이었다.

사업을 하면서 자주 생각했던 건, 때로는 말이 실제 행동 이상의 무게를 가진다는 점이다. 말보다 행동이 중요하다고 하지만, 대부분의 관계를 움직이는 건 말이다. "언제 밥 한번 먹자"는 말은 일상적으로 쓰이지만, 막상 그 약속이 지켜지지 않으면 말 한마디 때문에 생긴 기대가 실망으로 바뀌기도 한다. 그래서 말을 쉽게 하지 않으려고 한다. 반대로 지킬 수 있는 말은 확실하게 전달하려고 노력한다.

 한번은 모임에서 만난 분이 카페에서 근무한다고 하길래 꼭 방문하겠다고 말했다. "다들 그렇게 말하시더라고요"라는 말에, 나는 곧바로 가게를 찾았다. 연락 없이 조용히 들렀다가, 도착해서 연락을 드렸는데 하필 그분이 휴무일이었다. 아쉽긴 했지만, 내 입으로 한 말은 최대한 지키고 싶었다. 작은 신뢰라도 남길 수 있기를 바라며.

 말은 단순한 수단이 아니라, 관계를 구성하는 방식이다. 사업을 하면서 실수도 많았고, 말로 상처를 주거나 말 때문에 상처받은 기억도 적지 않다. 그래서 가벼운 말도 가능한 한 하지 않으려 한다. 의례적인 인사보다 진심이 담긴 한 마디가 훨씬 더 오래 남는다는 것을 이제는 알기 때문이다.

포기, 포기, 포기

 가족 중 누구도 내가 카페를 계속 운영하는 것을 원하지 않았다. 카페 자체를 반대한 건 아니지만 손실이 누적되는 것을 버티기 어려웠다. 나도 그 마음을 이해했다. 가치관이 다르고 입장이 다르니 원망스럽지도, 서운하지도 않았다. 오히려 그들을 설득할 성과가 없다는 게 가장 힘들었다. '그때 더 최선을 다했어야 했는데' 같은 후회도 결국 결과가 좋지 않았기 때문에 드는 감정이다. 수익이 없으니 무엇이든 더 시도해봤어야 했다는 생각이 든다.

 가족의 만류에 힘이 빠졌지만, 다른 한편으로는 오기가

생겼다. 4년 중 절반쯤 지나자, 접는 게 낫겠다는 말이 본격적으로 나오기 시작했다. 당시에도 나는 내 방식대로 꾸린 공간을 계속 이어가고 싶었다. 버티는 것이 이기는 거라고 믿었던 시기였다. 막바지에는 카페를 아예 술집으로 바꾸는 것도 고려했다. 수익 면이나 동네 업종 구성상 괜찮은 전략이라고 판단했지만, 결국 실행하지 않았다. 정확히 말하면 할 수 있었지만 하지 않았다. 하고 싶은 건 어떻게든 했고, 하기 싫은 건 아무리 합리적인 선택이라도 하지 않는 내 고집 때문이었다.

처음 이 공간을 열었을 때부터 나는 내가 하고 싶은 것을 하려고 시작한 사람이었다. 그 결정이 수익으로 이어지지 않더라도 업종을 바꾸는 건 쉽지 않았다. 어쩌면 철없는 고집일 수 있지만, 수익을 우선으로 두지 않았기에 가능한 태도였다. 물론 당장 한 푼이 급한 상황이었다면 달랐을 수도 있다. 단순히 돌아갈 회사가 있어서 그랬던 것은 아니고, 스스로 '어쩔 수 없다'고 느끼는 것과 정말로 '어쩔 수 없는' 상태는 다른 것 같다.

공간을 접은 결정에는 가족의 반대가 일정 부분 작용했지만, 그게 전부는 아니었다. 내 안에서도 방향이 정리되기 시작했기 때문이었다. 성실하게는 운영했지만 더 사랑받는 공간으로 만들지 못했고, 가족에게도 더 이상 부담을 주고 싶지 않았다. 바짓가랑이라도 붙잡는 심정으로 지인 몇몇과 월세를 나눠서라도 아지트처럼 공간을 유지해볼까 하는 생각도 했다. 각자 정한 날에 이곳을 쓰고, 무언가를 함께 기획하면 재밌지 않을까 싶었지만 현실적인 공감대는 얻지 못했다.

결국 사람을 모았더라도, 나는 언젠가 이 공간에서 나와야 했을 것이다. 지금은 혼자라도 이 공간을 쓸 수 있다면 내 돈을 들여서라도 계속 쓰고 싶다는 생각을 한다. 영업을 하지 않더라도, 그 안에서 얻는 정서적 만족이 돈보다 컸을 거라고 생각한다. 퇴근 후 집이 아닌 에피토미의 핑크색 소파가 떠오르는 날이면 씁쓸함이 밀려온다.

포기는 부정적인 표현 같지만, 어떤 경우에는 다음을 위한 준비일 수도 있다. 운동 경기를 떠올려보면 선수 본인이 포기를 결정할 수도 있고, 코치가 대신 판단하기도 한다. 나는 더 하고 싶은 마음이 앞서는데, 주변에서는 여기까지라고 생각할 수 있다. 누구나 그 시점은 다르다. 포기를 했다고 모든 게 끝나는 것도 아니다. 그래서 나는 누군가의 결심을 쉽게 판단하지 않는다. 그 선택이 단념으로 끝나지 않길 바랄 뿐이다. 지금 멈춘 자리에서 배운 것을 토대로 다음을 준비한다면, 그건 포기가 아니라 재정비에 가깝다.

내가 카페를 포기하기로 마음먹었을 때, 제일 먼저 든 생각은 '다시 돌아오자'였다. 시대를 잘못 타고난 2인자들이 있다는 말을 가끔 떠올린다. 운이나 타이밍이 맞지 않아 빛을 보지 못한 사람들. 에피토미를 그렇게 보기는 어렵지만, 그렇다고 해서 그저 그런 실패의 공간으로 남기고 싶지는 않다. 다시 전쟁터에 돌아가 제대로 싸우고 싶은 마음이 남아 있다. 완전히 꺼지지 않은 불씨는 언젠가 다시 타오를 테니까. 어쩌다 사장이 된 나였다면, 후에는 어엿한 사장으로 남을 것이다.

함께여서 행복한 일들

EPITOME

CH.3
일을 지속하는 마음

카페 사장의 루틴

"잠깐 에피토미 다녀올게요."

주말이면 습관처럼 하던 말이었다. 간단히 아침을 먹고 나면 본격적인 오픈 준비 전에 먼저 가서 에피토미와 인사를 나눴다. 이른 아침에는 아버지께서 청소를 도와주셨고, 나는 음악을 틀고 주방 오픈 준비를 했다. 어차피 하루 종일 있을 거지만 오픈 전에 한번 더 다녀오면 왠지 시작이 좋았다.

물론 매일 같은 시간에 들른 건 아니었다. 어떤 날은 오

일을 지속하는 마음

픈 30분 전에, 또 어떤 날은 거의 임박해서 도착하기도 했다. 다행히 디저트 담당인 누나가 보통 먼저 도착해 있었기에 심적으로는 편했다. 하지만 4년간 한 번도 오픈 시간을 어긴 적은 없었다. 퇴근 시간도 마찬가지였다. "영업 중"이라고 적혀 있는 가게 앞에 가서 문이 닫혀 있을 때의 불쾌함을 나도 여러 번 겪었기에, 적어도 그런 실망은 주고 싶지 않았다.

평일에는 회사에 출근해야 했기 때문에, 오픈 준비는 대부분 아버지와 누나의 몫이었다. 퇴근 시간이 늦으면 바로 카페로 갔고, 칼퇴를 하는 날에는 잠시 집에 들러 식사를 하고 1분 거리의 카페로 향했다. 에피토미에서는 보통 저녁 7시 30분부터 10시까지 근무했다. 모임이 있는 날이면 밤 10시를 훌쩍 넘기기도 했다. 수요일은 카페 휴무일이었지만, 내 루틴에서 완전히 비워지진 않았다. 퇴근 후 지인과 약속을 잡거나 모임을 통해 에피토미를 홍보했다. 가끔은 출근길에 카페에 잠깐 들러 '잘 부탁한다'는 인사를 건넸고, 유일한 휴일에도 에피토미에서 시간을 보내는 경우가 많았다. 회사일도 열심히 했지만, 에피토미를 유지하기 위해 내가 따로 들이는 시간과 에너지도 무시할 수 없었다.

주말에는 내가 온전히 시간을 보내기에 조금 더 여유로운 마음으로 재고 등 필요한 부분들을 점검했다. 출근하자마자 마시는 커피 한 잔은 루틴이자, 일종의 의식 같았다. 누나가 만드는 디저트 냄새가 매장 안을 채우면, 그날 하루가 잘 될 것만 같은 느낌이 들었다. 누나가 디저트 조각을 무심히 내밀며 맛을 보라던 것도 좋았다. 에피토미는 오전 11시에 문을 열기 때문에 주말에도 큰 피로감은 없었지만 전날 모임이 길어지거나 음주를 한 날엔 컨디션이 안 좋기도 했다. 그럼에도 그 시간을 지켰던 건 책임감에 더한 애정이었다.

한 번은 오픈 초기에 아래층 고깃집 사장님, 맞은편 네일숍 사장님과 함께 처음으로 술을 마신 적이 있다. 처음 보는 사람이 아닌, 내 공간 근처에서 함께 일을 하고 또 손님으로도 와주시는 분들과의 술자리라서 반가웠다. 생각보다 과하게 마셔 다음 날 간신히 출근하면서도 '이렇게 인연이 생기는구나' 하고 생각했다.

에피토미는 단순한 일터라기보다는 내 생활의 중심이었고, 누나와 나의 일상은 대부분 이 공간을 중심으로 짜였다. 아침을 카페에서 먹기도 했고, TV를 켜놓고 책을 보며 식사하기도 했다. 오픈 전 짧은 혼자만의 시간은 온전한 나만의 시간이었다. 하지만 11시가 되면 상황은 달라졌다. 그때부터 공간의 주인은 내가 아니라 손님이다.

오픈 후 30분쯤 지나면 어머님이나 아버님이 점심을 들고 오셨고, 오후 여섯시가 되면 저녁도 챙겨주셨다. 1분 거리라 해도 하루 두 번씩 음식을 가져다주는 건 쉬운 일이 아니었다. 바깥 음식을 매번 사먹었더라면 돈도 건강도 버티기 어려웠을 것이다. 죄송한 마음이 들 때는 내가 직접 가지러 가기도 했고, 그마저도 내 루틴의 일부가 되었다. STAFF ONLY 공간에서 식사하다 손님이 들어오면 급히 마스크를 쓰고 나가는 일도 자연스러워졌다.

　보통 저녁 9시 30분이 넘어가면 마감이 시작된다. 커피 머신을 청소하고, 테이블을 정리하다가 마감 시간이 저녁 10시가 조금 넘으면 퇴근을 할 수 있었다. 그러는 중에 9시 55분쯤 손님이 오셔서 아메리카노를 주문하시면, 다시 커피를 내려드리고 커피 머신을 다시 청소했다. 솔직히 쭈뼛쭈뼛 '머신을 청소했는데'라며 우물쭈물 한 날도 있었다. 콜드브루는 어떠시냐며 다른 메뉴를 추천드리기도했지만 엄연히 영업은 저녁 10시까지였기에, 나는 늘 그 시간까지 손님에게 최선을 다하려고 했다.

　물론 손님이 없는 날이 대부분이었는데, 어떤 날은 마감을 조금 더 일찍 시작해서 칼퇴하기도 했다. 회사일과 병행하며 쉼 없이 일했기 때문에 가능한 빨리 마감하고, 가능한 빨리 집에 가서 쉬는 것도 중요했다. 하지만 반대로 어떤 날은 영업이 끝나고도 에피토미에 멍하니 앉아 시간을 보내거나, 스트레스를 음악으로 해소하기도 했다. 루틴은 매일 비슷했지만, 그 안에 감정의 밀도는 매번 달랐다.

　원래 사진을 많이 찍는 편인데, 에피토미를 하면서는 더욱 많이 찍었다. 출근 전 웬만하면 매장에 들러 사진을 찍어 올리기도 했고, SNS에 올릴 게시물을 위해 소형 핸드폰을 대형으로 바꾸기도 했다. 좋은 컷을 위해 하루에도 수십 장씩 사진을 찍었고, 어떤 방식으로든 내가 만든 이 공간을 더 많은 사람에게 알리기 위해 애썼다. 어느 순간부터 루틴은 단지 계획의 실천이 아니라, 이 일을 계속할 수 있게 하는 의식이 되어 있었다.

　카페 운영을 마치면서 루틴도 자연스럽게 종료되었다. 그 빈자리는 새로운 흐름으로 채워지고 있다. 요즘은 매일 글을 쓰고, 러닝과 헬스를 병행한다. 등산도 가끔 하고, 하루의 시작과 끝이 다시 정돈되는 느낌이다. 루틴을 의식하고 정비할 때 삶에 리듬이 생긴다. '미라클 모닝'이 유행했을 때 나도 따라 해봤지만 쉽지 않았다. 하루 한 장 책 읽기 같은 목표도 실패와 성공을 반복한다. 하지만 중요한 건 그 시도 자체가 나를 이루는 조각이 된다는 점이다.

   루틴은 곧 내 삶의 구조다. 무의식적으로 반복하는 것들이 쌓여 하루가 되고, 그 하루들이 모여 나라는 사람으로 이어진다. 내가 에피토미에서 일했던 방식, 쉬는 날의 활용법, 몸이 피곤한 날에도 문을 열던 태도까지—그 모든 반복이 지금의 나를 만들었다. 우리가 의식하지 않더라도 반복하고 있는 행동들이 인생의 방향을 결정한다는 게 놀라운 일이다.

보이지 않는 속사정

 매장을 운영하면서 딱 한 번, 정말 솔직하게 "장사가 안 된다"고 글을 쓴 적이 있었다. 폐업 1년 전쯤, 사람들이 에피토미를 바라보는 시선 때문이었다. 매장 분위기와 인스타그램 피드만 보면 여유롭고 안정적으로 일하는 것처럼 보였을 것이다. 손님들도 지인들도 그렇게 말했다. 잘 되는 줄 알았다고. 그러면서 "카페 하면 좋겠다"는 말도 자주 들었다. 실제로 강릉의 유명한 카페에 갔다가 줄 서 있는 사람들을 본 친구는 "너도 이런 데 하니까 부럽다"고 했다. 하지만 정작 나는, 하루 십만원도 팔지 못하는 날을 보내고 있었다.

SNS는 오해를 만들기 쉬운 구조다. 인스타그램은 보여주는 플랫폼이고, 보이는 건 언제나 실제보다 나아 보인다. 그 사람이 찍은 한 장의 사진, 한 줄의 글이 전체를 대변하지 않음에도 쉽게 판단한다. 나도 예외는 아니었다. 카페 사진은 예쁘게 찍었고, 글도 유쾌하게 썼다. 그래서 그런지 '장사 잘되는 카페 사장님'처럼 보였던 모양이다. 물론 즐겁게 일했고, 그건 사실이었지만 전부는 아니었다.

그러다 문득, 사람들에게 이 공간이 정말 사라질지도 모른다는 걸 이야기해야겠다는 생각이 들었다. 그렇게 올린 글에는 수익은 없지만 영업은 계속하고 있고, 이 공간을 좋아해주시는 분들이 있어 감사하다고 적었다. 강원도의 명상 센터에서 쓴 글이었다. 조금은 오글거리게 들렸을 수도 있지만 간절한 마음으로 썼고, 다행히 많은 응원과 위로를 받았다.

그렇다고 해서 매출이 늘거나 상황이 좋아진 건 아니었다. 눈에 보이는 변화는 없었지만, 심리적인 변화는 분명 있었다. 이 공간을 살리고 싶은 마음을 있는 그대로 내보였다는 점에서 후련했다. 장사가 안 된다고 매주 글을 올렸다면 사람들은 나를 '징징거리는 사람'으로 인식했겠지만, 한 번쯤은 괜찮다고 생각했다. 혹시나 그 여파로 손님들이 더 올지 모른다고 생각했지만, 기대는 드라마나 영화처럼 극적인 반전을 가져오지 못했다. 결국 4년간의 사업 비슷한 취미 생활이 끝나가고 있다는 걸 직감했다.

한 번은 유튜브로 유명해진 카페 사장님이 결국 매장을 접는다는 영상을 봤다. 손님 없는 카페 브이로그를 올리면서 사람들이 몰려왔던 곳인데, 그게 지속되지 못했나 보다. 영상으로 봤을 때는 공간도 밝고 활기찼고, 많은 손님이 오가는 듯 보였다. 속으로 이 사람은 탄탄대로를 걷겠다고 생각했다. 에피토미도 비슷한 이유로 유튜브를 시작하긴 했는데 오래 하지 못했다. 귀찮아서가 아니라 민망해서였다. 겉만 보고 판단하기로는 나도 크게 다르지 않았다. SNS나 유튜브에서 보이는 것만으로 판단하기는 어렵다. 모든 사람은 보이지 않는 곳에서 고군분투하며 살아간다.

나는 원래 귀가 밝은 편이라 손님이 계단을 오르는 소리만 들어도 금세 알아차렸다. 물론 매일같이 붐볐다면 듣지 못했을 수도 있지만, 워낙 조용한 날이 많았기에 발소리 하나에도 신경이 쓰였다. 인사는 잘했지만 말을 많이 붙이지는 못했다. 생각보다 낯을 가리고, 눈도 잘 쳐다보지 못했다. 그 대신, 에피토미의 인스타그램에서 마음껏 수다를 떨었다. 유머도 글로 썼을 땐 잘 통했다. SNS를 보고 "이 사람 재밌다"며 찾아온 손님들이 실제로는 차분한 나를 보고 당황한 표정을 짓기도 했다. 밖에서는 사람들을 대하는 데 주저함이 없었는데, 오히려 내 카페에서는 부끄러움을 탔다. 나는 양쪽 모두 진심이었지만, 실제 나와 온라인 속 내가 다르게 느껴졌을 수도 있다.

나는 '보이지 않는다면 보이게 하면 된다'고 생각했다. 사람들은 내가 힘든 줄 몰랐다고 했다. 그러니 알려주는 것도 방법이었다. 그렇게 용기 내 올린 글에 한 친구는 "이렇게 어려운 상황인 줄 몰랐다"며 전화를 걸어왔다. 어쩐지 마음이 놓였고, 그래도 한 번쯤 말해보길 잘했다는 생각이 들었다. 우리가 느끼는 박탈감은 대부분 '보이는 것'에 기반한 것이지만, 마음을 솔직하게 드러낼 때 부담을 덜고 비교로부터 자유로워질 수 있다.

겉모습만으로는 도달할 수 없는 이해의 지점이 있다. 말하지 않으면 알 수 없고, 표현하지 않으면 닿지 않는 마음이 있다. 내가 그날 글을 올릴 수 있었던 것은 결국, '누군가는 내 진심을 들어줄 것이다'는 믿음이 남아 있었기 때문이었다. 우리는 모두 누군가의 말이 되어줄 수 있고, 누군가의 말에 귀 기울여줄 수 있다. 프랑스 철학자 시몽 바일은 "타인의 고통에 주의를 기울이는 행위 자체가 사랑의 가장 순수한 형태"라고 말한다. 진정한 관심이란 단순한 시선이 아니라, 상대의 고통에 대해 판단하지 않고 다만 집중하는 것이다. 우리가 무엇보다 바라는 것은 누군가에게 '제대로 들리는 것'일지도 모른다.

유연함에 관하여

"빨대 주문했어?"

"아, 빨대가 몇 개 없네."

"저 뜨거운 거 주문했는데요?"

"아, 뜨거운 거라고 하셨나요? 죄송합니다. 다시 만들어 드릴게요."

"밀크티 한 잔이요."

"아, 밀크티가 다 떨어져서요. 죄송합니다."

 카페를 운영하면서 이처럼 예상치 못한 상황은 끊임없이 생겼다. 작은 것부터 놓치기 시작하면 연쇄적으로 오류가 발생했다. 한 번은 커피 원두를 주문하는 걸 깜빡해서 친구에게 적선을 받기도 했다. 정신을 어디에 두고 있는 거냐며 스스로를 다그치기도 하고, 화이팅을 하며 마음을 다잡기도 했다. 일은 즐거웠지만, 가끔은 벅찼다. 그래도 포기하고 싶지는 않았다. 코로나라는 특수한 상황만 잘 버텨내면 언젠가는 상황이 나아질 거라 믿었다. 강한 자가 살아남는 게 아니라 살아남는 자가 강하다는 말에 기대어, 최대한 오래 살아남고 싶었다.

 에피토미는 그 자체로 내가 설계한 삶의 형태였다. 그 안에는 나만의 기준, 나름의 방식이 있었다. 음료 가격 책정부터 영업시간, 운영 방식까지 모든 것을 스스로 정했고,

손님 수와 매출에 따라 남몰래 일희일비하면서도 이리저리 휘둘리지는 않았다. 최대한 일반 손님이 편하게 올 수 있도록, 대관은 가능하면 휴무일에만 받으려 했다. 하지만 매출이 줄면서는 그 원칙도 조금씩 흔들렸다. 실제로 대관은 거의 없었지만, 나름의 기준을 조금씩 조정하는 과정을 겪었다.

한 번은 촬영 감독을 하는 친구에게 연락이 왔다. 공익 광고 촬영 장소가 필요했는데 에피토미가 떠올랐다고 했다. 마침 그날은 연예인도 참여하는 일정이라 나도 기대를 안고 연차를 내고 준비에 들어갔다. 촬영은 순조롭게 진행됐고, 사진도 찍고, 의미 있는 경험으로 남았다. 일부러 이 공간을 촬영지로 선택해준 친구의 마음이 고마웠다.

에피토미의 영업시간은 오후 10시까지다. 불미스러운 상황을 예방하고자 정한 원칙이었다. 술을 판매하긴 했지만 절제된 운영 방식이 필요했다. 매장에는 글러브가 놓여 있었는데 혹여 작은 체구의 나를 만만하게 보고 시비를 걸지 말라는 의미도 있었다. 실제 복싱을 배웠기 때문에 건드리지 않는 편이 좋았다. 3개월이지만... 물론 다행스럽게도 4년 동안 글러브를 낄 일은 없었다.

나는 제약을 두는 걸 좋아하지 않는다. 6인 자리에 혼자 앉는 손님이 있어도 제지하지 않았고, 노트북을 편하게 사용하시라고 자리마다 콘센트를 마련해두었다. 그 결과 에피토미는 '카공족'이 자주 찾는 공간이 되었다. 업주 입장에선 이용 시간에 민감할 수도 있었지만, 나는 달랐다. 오히려 집중해서 자기 할 일을 하는 모습에 감탄할 때도 있었다. 무언가를 이루고자 하는 사람들이 이 공간에 와서 좋은 결과를 만들 수 있다면, 그 자체로 의미 있다고 여겼다. 수익과 거리가 먼 운영 방식이었다. 그래서 '내 옆에 수익에 더 민감하고 현실적인 파트너가 있었다면 어땠을까?' 하는 생각도 했다. 때로는 의견 충돌이 있었겠지만, 균형을 잘 맞췄더라면 결과가 달랐을 것도 같다.

에피토미를 지키고 싶었던 마음 뒤에는 내 자존심이 있

었다. 의견을 조율하기보다는 "알아서 할게"의 마인드였다. 좋은 말은 아닌 것 같다. 말하는 사람은 이미 마음이 상했을 테고, 듣는 사람도 무시 당한다고 느낄 테니까. 간판을 달 때도, 공간을 접을 때도, 나는 다른 사람의 말에 고개를 끄덕이기보다 혼자 판단하고 혼자 결정했다. 실제로는 혼자 할 수 없는 일이라는 걸 알면서도 그렇게 행동했다. 지나고 보니 건방졌던 순간도 있었고, 단순한 일에 과하게 매달렸던 때도 있었다.

운영을 접고 1년이 지난 지금, 나는 얼마나 변했을까. 여전히 내 방식대로 하고 싶고, 지금도 누군가의 조언을 쉽게 받아들이지는 못한다. 그게 내 사업을 해야 하는 이유라고 생각하기도 한다. 나라는 사람의 아이덴티티가 먹히는 사람, 먹히는 시대가 올 거라고 믿기도 한다. 그러나 아무리 내 생각이 확고하다고 해도 무조건적인 정답은 없을 테니, 지금도 내게 가장 필요한 태도는 유연함일 것이다.

유연함은 상황을 다르게 바라볼 수 있는 내면의 상태다.

유연하다는 건 곧 견디는 법을 아는 것이다. 반대로 고집은 문제 상황에서 쉽게 부러질 수 있다. 나는 그 경계에서 때때로 버티기도 했고, 어쩌면 무너지기도 했다. 그 실패에서 내가 배운 게 있다면, 유연함이야말로 가능성을 만드는 중요한 태도라는 점이다. 정체성은 고정된 것이 아니라 끊임없이 재구성된다. 나 역시 새롭게 구성되어야 한다. 에피토미는 사라졌지만, 그 이야기를 통해 나는 다음을 준비하고 있다. 끝났다고 생각한 지점에서 또 다른 가능성의 문이 열린 것이다.

휴식도 일입니다

평일엔 회사에서 일하고, 저녁엔 카페를 운영했다. 회사는 일반적인 주말 휴무, 카페는 수요일 휴무였다. 두 스케줄을 겹쳐 보면 내가 쉴 수 있는 날은 수요일 퇴근 이후뿐이다. 일주일 중 하루도 온전한 휴식이 없었다. 처음에는 오후 4시에 퇴근하고 카페로 향했지만, 카페에서도 일 처리를 하곤 했다. 결국 1년쯤 지나 근무 형태를 풀타임으로 바꾸었다. 출근은 9시, 퇴근은 6시. 저녁 7시 반부터는 에피토미에서 일했다. 이런 주객전도의 상황에서 회사를 그만둘까 고민도 했지만, 당시에는 불가능했다. 코로나는 길어졌고 카페는 계속 적자였다. 불을 향해 달려드는 심정으로 모든 것을 걸지는 못했다.

두 일을 병행하면서 번아웃이 왔던 기억이 아주 없진 않다. 하지만 워낙 일을 좋아했고, 내가 선택한 일이었기에 힘들다는 감정보다는 '조금 지친다'에 가까웠다. 사회 초년생 시절에는 야근을 밤 10시까지 하며 이틀에 한 번 꼴로 피로를 달래야 했지만, 그 당시에도 '이렇게는 오래 못 간다'는 자각이 있었다. 그래도 그때는 주말이 있었는데, 에피토미를 하면서는 주말도 없었다. 주변에서 "어떻게 하루도 안 쉬고 그렇게 일하냐"는 말을 자주 들었지만, 스스로 대단하다고 생각한 적은 없었다. 나는 원래 월요일을 싫어하는 사람이 아니다. 물론 시간이 흐르면서 '이제는 좀 쉬고 싶다'는 생각도 들었고, 나중엔 휴가를 내기도 했다.

카페와 회사, 두 일 모두 애정을 가지고 했다. 회사에서는 의사 결정권이 어느 정도 있었고, 카페에서는 가족과 내가 직접 뽑은 사람들과 일했다. 둘 다 환경이 좋았다. 좋은 사람들과 일하는 것도 천운인데, 나는 운이 좋았다. 계속 반복되는 일이라도 지겹지 않았고, 두 공간 모두 조금씩 키워가는 재미가 있었다. 하지만 동시에 두 가지 일을 붙들다 보니 쉼이 필요했다. 앞만 보고 달려온 내게 경치를 볼 시간을 선물하고 싶었다. 무엇보다 결혼식, 가족 모임, 친구 생일조차도 대부분 카페 때문에 가지 못했다. 그렇게 쉼 없이 이어진 나날들 속에서 멈춤의 순간이 얼마나 소중한 것인지 서서히 깨닫게 되었다.

카페를 오픈하기 전에는 일본에 다녀오고 싶었다. 귀여운 소품들을 사와 매장에 놓고, 영감을 받고 싶었다. 그런데 갑작스럽게 오픈이 당겨지며 일본행이 미뤄졌고, 이후엔 코로나로 출국 자체가 어려워졌다. 결국 몇 년이 지난 후에야, 아끼는 동생들과 함께 후쿠오카로 여행을 떠났다. 여권이 만료되어 급히 재발급 받는 동안 비행기 가격이 20만 원 올라 망설여졌지만, 그래도 "지금이 아니면 못 간다"는 생각으로 떠났다. 여행지에서 나는 간만에 자유를 만끽했다. 하지만 동시에 여행지에서도 끊임없이 카페를 생각하고, 소품을 눈여겨보고, 제품을 메모했다. 물리적으로는 일과 분리되었지만, 감각은 일의 연장선에 있었다.

그다음 해에는 친구와 함께 오사카를 다녀왔다. 이전에 다녀온 도시였지만, 친구에게는 처음인 일본이었다. 자연스레 나는 '가이드'의 역할을 하면서 익숙한 도시를 새로운 눈으로 다시 바라보게 되었다. 원래라면 가지 않았을 관광지와 랜드마크들도 방문했다. 여전히 에피토미에 둘소품을 고르고, 입을 옷을 사는 데 집중했다. 에피토미를 접은 이후 삿포로에 다녀왔을 땐 나처럼 쇼핑을 좋아하는 친구와 하루 종일 밥도 안 먹고 매장을 돌았다. 어느 소품 가게에서 유독 마음에 드는 물건을 발견했을 때, 더 이상 에피토미가 없다는 사실이 문득 실감났다.

나는 일본 여행을 좋아한다. 꼭 특정 상점 때문만은 아니다. 거리의 감성, 사람들의 태도, 거리의 온도 같은 전체적인 분위기가 좋다. 연중 한 번 정도 가는 일본 여행은 내게 중요한 휴식 루틴이 되었고, 나를 재정비시키는 '정지 버튼' 역할을 했다. 요즘은 오키나와에 가고 싶다는 생각이 든다. 우리나라와 다른 오른편 운전을 해보고 싶은 마음 때문이다. 낯선 경험을 할 때 채워지는 기쁨이 있다. 일

일을 지속하는 마음

과 휴식의 경계는 절묘하게 닿아 있고, 한쪽으로 치우친다면 시간이 지나 결국 무너진다. 일하는 내가 휴식의 나를 위해 달려온 시간이 있다면, 휴식의 내가 일하는 나를 위해 에너지를 되돌려주는 시간이 있어야 한다.

장소에 구애받지 않고 어디서든 일하는 디지털 노마드처럼, 100% 휴식을 취하기 어렵다면 일하는 자아와 휴식하는 자아를 동시에 누릴 수도 있다. 나 역시 쉬는 동안 온전한 몰입에 실패한 적도 많았지만, 그 실패조차도 나를 더 알아가는 과정이었다. 한 번이라도 쉼을 제대로 경험해본 사람, 혹은 자신의 한계를 경험해본 사람은 일의 지속을 위해 쉼이 얼마나 필수적인지 안다.

일하는 시간의 중간중간에 틈을 만들고, 그 틈에서 몸을 돌보며 마음을 정비해야 오래 달릴 수 있다. 책을 쓰고 있는 지금도, 한 시간 정도 집중했다면 스트레칭을 하거나, 가볍게 산책을 하는 식으로 시간을 끊어 루틴을 만든다. 하지만 일에 집중하다 보면 타협하기도 하고, 그걸 알아차리는 데도 시간이 걸린다.

휴식은 결국 선택의 문제다. 아무도 내게 "이제 쉬어야 해요"라고 말해주지 않기 때문에, 내가 스스로 알아차려야 한다. 내가 쉬지 않는다고 누가 대신 쉬어주지 않는다. 다음 달 끊겨 있는 비행기표를 생각하며 당장의 휴식을 무시하지는 말아야 한다. 진짜 휴식이 시작되도록 해야 한다. 당장의 현실이 버겁고 시간이 없다 해도, 일하는 나와 휴식의 나를 분리하지 않고 하나의 연결된 존재로 바라볼 수 있다면 더 오래, 더 건강하게 일을 지속할 수 있다.

나를 돌보는 방법

 사람을 자주 만나고 다양한 모임에 참여하던 일상에서 조금 벗어나, 회사-헬스장-집이라는 단순한 일상을 반복하며 지냈던 적이 있다. 겉보기엔 지루할 수 있는 생활이었지만, 몸과 마음이 정돈되는 시기였다. 내가 흘린 땀은 배신하지 않는다는 말을 믿으며 운동을 시작했고, 몸이 조금씩 달라지는 것을 경험하면서 자신감이 생기고 삶의 페이스도 안정적으로 바뀌었다. 그런데 또 어느 순간, 술자리가 잦아지고 다시 피로가 누적되면서 밸런스가 무너지는 걸 느꼈다. 웃음이 나왔다. 균형을 맞추기란 그렇게 간단한 일이 아니었다. 하지만 나는 알고 있다. 일이든 삶이든 기복이 있는 건 당연한 일이고, 결국 중요한 건 그 상황을 어떻게 인식하고 회복해가는지다.

좋은 시기에는 벅차오르고, 모든 게 잘 풀리는 것처럼 느껴진다. 반대로 슬럼프에 빠지고, 모든 걸 놓아버리고 싶은 날도 있다. 어느 쪽이든 치우치지 않고 중심을 잡으려면, '그럴 수도 있다'는 태도가 필요하다. 변화무쌍한 세상에서 지속성을 유지하는 핵심은 '좋고 나쁨의 상태를 그저 받아들이는 자세'에 있다는 걸 점점 느낀다.

평생 직장이라는 말은 이제 과거의 유물이 되었다. 이직이 일상이 되고, 한 곳에서 오래 일하는 사람이 드문 시대라도, 첫 직장에서 십수년째 일하고 있는 지인이 있다. 격주 주말 출근에 피로도가 높을 법도 한데, 그는 불평 한마디 없이 묵묵히 일한다. "그냥 하는 거지"라는 그의 말은, 매일 새벽 수영장을 찾는 또 다른 친구의 모습과 겹쳐진다. 아침에 눈을 뜨면 삼 분간 고민하다가도 결국 수영장에 가는 그 친구처럼, 결국 꾸준함은 의지가 아니라 아주 작은 반복의 실천에서 비롯되는 것 아닐까. 그러기 위해서는 일을 대하는 진심이 필요하다.

영어 공부를 생각해 보면 매일 한다고 말하면서도 대부분 며칠을 넘기지 못하는 건, 애초에 그 행위에 애정이 없기 때문일 수도 있다. 나도 영어 공부를 해야 한다고 생각하면서 오늘도 하지 않았다. 하지만 에피토미는 다르다. 그 공간을 만들고 지키는 데 쏟은 마음이 있었기에, 4년을 버틴 것이다. 이미 만들어진 매장을 인수했다면 그런 감정이 생겼을까? 조금 달랐을 것이다. 마찬가지로, 다시 돌아온 회사 생활 역시 예전의 좋은 기억이 있기에 견딜 수 있었고, 다시 제안받은 일자리에 감사한 마음이 컸기 때문에 지금도 버티고 있다. 애정은 일상의 가장 큰 동력이다.

에피토미는 내가 일하는 공간이었지만, 동시에 나를 쉬게 해주는 공간이기도 했다. 집을 모티브로 만들었기 때문인지 진짜 집처럼 편했고, 실제로 그곳에서 나를 많이 돌봤다. 그러기 위해 나를 제3자의 시각에서 바라보기도 했다. 술을 좀 자주 마시는 것 같으면 "미안, 이번 달은 이제 그만 마실게", 일이 너무 힘들었던 날에는 "오늘 진짜 수고했어"라고 말하곤 했다. 이상하게 들릴 수 있겠지만, 스스로에게 말을 건네는 방식이 내겐 효과가 있었다. 어느 정도의 자기 연민이 필요하다. 자신을 타인처럼 대하고, 위로하고, 다독여주는 능력은 회복 탄력성을 키워주는 핵심 요소다.

내가 실천하고 있는 스트레스 해소법이 몇 가지 있다. 첫 번째는 일찍 자기다. 고민이 많아지면 잠자리에 일찍 들어도 쉽게 잠들 수는 없다. 그러나 '에라 모르겠다'는 마음으로 누워서 몸을 쉬게 하면, 다음 날 조금이나마 가벼운 마음으로 하루를 시작할 수 있다.

두 번째는 노래방이다. 감정이 정체될 때 좋아하는 노래 몇 곡을 부르며 풀어내면, 생각보다 많은 응어리가 풀린다. 과학적인 효과는 모르겠지만 어쩐지 운동을 하고 난 후의 기분과 비슷하다.

세 번째는 책 읽기. 위로가 되는 문장을 만나는 건 사람과의 대화 못지않은 힘이 있다. 따뜻한 문장이 마음에 들어오는 순간, 지금의 내 상태가 어떤지 객관적으로 돌아볼 수 있다.

네 번째는 쇼핑이다. '땡땡 비용'이라 불리는 스트레스성 소비가 꼭 나쁘지만은 않다. 과소비는 지양하지만, 나에게 주는 보상의 일환으로 좋아하는 패션 아이템을 사거나, 택시를 타고 편하게 귀가하는 것도 일종의 '자기 위로'다.

다섯 번째는 러닝과 등산. 단순한 산책보다 더 적극적인 움직임으로 스트레스를 외부로 발산하는 느낌이다. 달리는 동안은 복잡한 생각이 사라지고, 등산을 통해 얻는 성취감은 복잡했던 감정의 실마리를 푸는 데 큰 도움이 된다.

한때는 스트레스로 감정이 제어되지 않았던 시기도 있었다. 웃음도 나지 않고, 말은 거칠어졌고, 짜증이 잦아졌다. 처음엔 외면하려 했지만 점점 내 상태가 이상하다는 걸 느꼈고, 더 이상 방치할 수 없었다. 위에서 말한 방법들을 하나씩 실천하면서 천천히 긍정을 회복할 수 있었다. 당장 결과가 보이지 않아도 중요한 건 꾸준함이다.

나는 '기분이 태도가 되지 말자'는 말을 좋아한다. 감정의 흐름대로 행동하다 보면 결국 가장 크게 손해 보는 건 자신이다. 불쾌한 하루가 있을 수 있고, 모든 게 귀찮은 날도 있다. 하지만 그 기분을 어떻게 다루느냐에 따라 하루가 완전히 달라질 수 있다. 철학자 미셸 푸코는 '자기 자신에 대한 배려'가 주체 형성의 핵심이며, 타자에 의해 규정되지 않는 자유를 위한 실천이라고 말한다. 자신을 객관화하고 돌보는 능력은 결국 더 주체적인 삶으로 연결된다.

여섯 번째 방법은 빈칸으로 남겨두려 한다.

(   )

이 공간은 여러분이 각자 채워주시길 바란다. 맛있는 음식이 될 수도 있고, 바다를 보는 것일 수도 있다. 스스로를 돌보는 방법을 한 가지 이상은 알고 있는 게 좋다. 우리는 자기를 가장 가까이 두고 남보다 소홀히 대하기도 한다. 그러니 오늘 하루는 나를 가장 친한 친구처럼 대해보자. 자기 돌봄은 일상을 견고히 지탱하는 초석이 된다.

일이 아닌 나의 존재

최근 통계에 따르면 아무 일도 하지 않는 청년이 44만 명을 넘어섰다고 한다.* 그중 70%는 앞으로도 계속 아무것도 하지 않을 것이라고 응답했다고 한다. 물론 각자의 이유가 있을 것이다. 건강, 경제, 가족, 사회적 기대와 같은 보이지 않는 요소들이 결합된 복합적인 결과일 수 있다. N잡러, 사이드 프로젝트 열풍처럼 '일을 많이 하는 사람'이 주목받는 시대에 아무것도 하지 않기를 선택하는 현실이 씁쓸하기도 하다. 일을 해본 적이 없는 사람도 있고, 일을

---

* ""일할 생각 없다"…그냥 쉬는 청년 44만 명 '역대 최대'," MBN뉴스, 2024-08-19 07:45 수정, 2025.05.22. 접속, https://m.mbn.co.kr/news/economy/5050408.

하다 멈춘 사람도 있으며, 구직을 하다가 방향을 잃은 사람도 있다. 결국 반복되는 실망, 때로는 절망이 청년들을 집 안에 묶어두고 있는 건 아닐까.

나 역시 처음부터 순탄했던 것은 아니고, 일이 삶의 전부라는 생각은 아니었다. 학교를 졸업하기 전 보험 회사에서 잠시 일한 적이 있었고, 당시 합숙하며 교육을 받았던 기억이 있다. 주말마다 집에 오며 지냈고, 성적도 나쁘지 않아 한때는 자신감이 꽤 컸다. 인맥도 괜찮다고 믿었고, 미래가 핑크빛으로 보였기도 했다. 하지만 현실은 처참했고, 결국 학업으로 돌아오며 취업 준비를 다시 시작해야 했다. 그래도 나는 운이 좋았다고 생각한다. 입사 지원에서 떨어진 횟수는 많았지만 준비 기간이 상대적으로 짧았고, 결국에는 내가 좋아하는 분야에서 일하게 되었기 때문이다.

하지만, 그렇다고 아무 일도 하지 않는 삶을 지지하는 것은 아니다. 다만 어떤 이유든 '하지 않음'을 선택한 사람들에게도 이야기가 있다는 것을 잊지 않으려 한다. 모두가 같은 템포로 움직일 수는 없다. 취업 준비가 심적으로 너무 힘들었던 어느 날, 마음을 다잡기 위해 템플스테이에 다녀온 적이 있다. 가족 단위, 친구 단위로 온 사람들 속에 혼자 참가했지만, 그 안에서 오히려 집중할 수 있었다. 그곳에서 경찰 시험을 준비하던 한 살 터울의 형과 친해졌고, 그 형은 이후 시험에 합격했다. 그의 끈기와 목표 의식에 박수를 보냈고, 나도 다시 정진하겠다고 마음먹었다.

템플스테이에서 가장 인상 깊었던 시간은 '나의 장점 100가지 쓰기'였다. 처음엔 다들 이걸 어떻게 찾냐며 스님을 원망스러운 눈으로 바라봤다. 나 역시 손이 멈췄다. 그런데 스님은 "얼굴이 예쁘다"가 아니라 "눈이 예쁘다", "콧망울이 오똑하다"처럼 디테일하게 바라보면 충분히 쓸 수 있다고 말해주셨다. 스님께서 말씀하신 디테일에 대해 생각했다. 우리는 자신에 대해 너무 무심하거나, 반대로 기준이 너무 높아 실망하곤 한다. 하지만 조금 더 들여다보면 한 사람을 이루는 디테일이 너무나 많고, 불완전한 대로 아름답다는 걸 알 수 있다.

  돌잔치 때 하는 돌잡이 문화처럼 우리는 아주 어릴 때부터 무의식적으로 직업을 강요받는다. 지나치는 이벤트로 볼 수도 있지만, 대부분 전문직 중심의 물건들 사이에서 부모의 바람도 고스란히 드러난다. '건강하게만 자라달라'던 소망은 시간이 지날수록 점차 '어떤 직업을 가졌느냐'로 변질된다. 직업이 곧 사람의 가치가 되는 사회에서, 일을 하지 않는다는 건 단순한 쉼이 아니라 존재 자체가 흔들리는 일이기도 하다. '지금 무엇을 하고 있느냐'는 질문이 단순한 대화가 아닌 평가처럼 느껴지는 이유다.

  나도 사람을 만나면 종종 이런 질문을 던지곤 한다. "지금 어떤 일 하세요?" 하지만 이제는 알게 됐다. 이 질문이 누군가에게는 대화의 시작이 아니라, 대화의 끝일 수도 있다는 것을. 실제로 "꼭 이야기해야 하나요?"라고 반문한 사람도 있었다. 마치 외국에서 나이를 묻는 게 실례인 것처럼, 일을 묻는 것도 조심스러운 일이 될 수 있다. 자기소

개에 이름, 나이, 직업이 디폴트처럼 쓰이지만, 그 외의 것들로 자신을 소개할 수 있는 사람은 생각보다 많지 않다. 우리는 너무 오랫동안 직업으로 존재를 설명해왔다.

우리는 단순히 '무슨 일을 하는 사람'으로만 존재하지 않는다. 일 외에도 나를 구성하는 정체성이 많다. 회사에 다니면서 연극을 하는 친구, 직장인이면서도 보디빌딩 대회에서 1위를 한 지인, 모두 직업은 있지만 또 다른 '나'를 가지고 있다. 취미가 많을수록 자신을 설명할 수 있는 언어도 많아진다. 일상이 '나'가 되지 않도록, '일하는 나'와 '존재로서의 나'를 구분하고 확장시켜야 한다. 에피토미를 운영할 때도 지인들이 "정말 너 같다"고 말해준 기억이 있다. 그만큼 내 색깔이 짙게 배어 있던 공간이었다.

매일 선택하며 살아간다. 오늘도 일하지 않기로 선택한 사람도, 일터로 향하기로 한 사람도, 모두 자신만의 이유가 있다. 중요한 건 그 선택이 나를 존중하는 방향이어야 한다는 점이다. 삶은 일정한 리듬이 필요하고, 때로는 그 리듬이 느려지거나 바뀌는 것도 자연스럽다. 아이 때 만들던 하루 일과표처럼, 다시 내 삶을 중심으로 한 루틴을 그려볼 수도 있다. 내 삶의 시간표를 나만의 방식으로 꾸리는 일, 그것이 때로는 일보다 더 중요하다.

알랭 드 보통은 직업이 인간의 정체성을 설명하는 중요한 요소이지만, 그것이 인간 존재의 전부는 아니라고 강조한다. 우리가 어떤 일을 하든, 혹은 아무 일도 하지 않든, 그 자체로 이미 존중받아야 할 존재다. 일이 없다고 해서 내가 없는 게 아니다. 자신이 어떤 사람인지 설명할 수 있는 언어는 언제나 존재한다. 나 역시 에피토미가 나 같고, 내가 에피토미 같다고 생각했지만 어느 정도의 구분이 필요했다. 일이 우리를 규정하지 않도록, 우리 자신을 설명할 더 많은 방식을 찾아가야 한다.

아주 현실적인 행복

 4년 동안 에피토미를 운영하며 분명히 행복했다. 결코 짧지 않은 시간이었고, 크고 작은 어려움들이 있었다. 손익분기점은커녕 단 한 번도 흑자를 내지 못했다. 그럼에도 나는 이곳에서의 시간을 소중하게 여겼고, 행복했다고 말할 수 있다. 상황에 따라 불행하다고 느낄 수도 있었겠지만, 마치 해피엔딩의 드라마처럼 내 마음은 늘 감사했고 충만했다. 에피토미에서 받은 대부분의 말은 위로였지만, 나는 그렇게 위로가 필요한 사람은 아니었다.

 다만 행복이라는 질문 앞에서 주저하게 되는 이유가 있

다. 집에서 1분 거리인 카페를 운영하면서, 내 빈자리를 채워주신 부모님의 도움 때문이다. 공간을 정리하기로 결정한 큰 이유 중 하나이기도 하다. 누나의 역할도 컸다. 단지 내 고집만으로 이 일을 계속 이어갈 수는 없었다. 물론 매출이라는 가장 근본적인 이유도 있었다. 매출이 없다 보니 부모님께 용돈을 드리는 것도 쉽지 않았고, 드린다고 해도 "장사도 안 되는데" 같은 말들이 따라왔다. 평범하게 직장생활을 했더라면 부모님도 이런 고생을 하시지 않았을 것이다.

그래서 더더욱 이런 나를 믿고 지지해준 가족에게 결과로 보답하고 싶다는 마음이 컸다. 에피토미를 정리하는 마지막 순간까지도 부모님이 함께하셨다. 내부 기기 일부가 판매되지 않아, 어머니의 친구분 남편이 차량까지 지원해주셔서 짐을 옮겼고, 지인들도 발 벗고 나서서 도와주셨다. 전장에서 패배하고 돌아오는 장수처럼 느껴졌던 그날, 나는 최대한 괜찮은 척했지만 복잡한 감정은 지금도 선명하게 남아 있다. 4년은 하루하루로 보면 긴 시간이지만, 돌아

보면 순식간이었다. 에피토미는 나에게 도전이자 성장이었고, 다사다난했던 그 시간 속에서도 결국 행복했다는 결론에 이를 수 있어 감사하다.

 주말이면 에피토미에서 시간을 보냈고, 한 번도 이 자리가 부담스럽다고 느낀 적은 없었다. 오히려 주말이 기다려졌고, 일주일의 마무리를 이곳에서 할 수 있다는 것이 좋았다. 매출을 보면 한숨이 나올 때도 있었지만, 매장을 닫을 때면 늘 "오늘도 감사하다"는 마음으로 문을 닫았다. 솔직히 말하면 준비가 부족한 상태에서 다소 성급하게 오픈한 면도 있었다. 쉽게 시작한 만큼 쉽게 정리했을 수도 있었지만, 4년 동안 흑자 없이도 하루도 쉬지 않고 일한 게 내가 이 일을 함부로 대하지 않았다는 증거다.

 에피토미를 하기 전에 나는 정말 많은 공간을 다녔고, 돈도 많이 썼다. 25살부터 누나의 차를 빌려 타고 돌아다니며 감각을 쌓았다. 그렇게 경험으로 채운 것들이 이 공간을 구성하는 밑거름이 됐다. 지금 나는 다시 회사에 다니며 탁구를 배우고, 러닝을 하며, 술을 줄이고, 건강을 챙기고, 돈을 모으는 삶을 살고 있다. 그러나 에피토미를 열기 전과 지금의 나는 많이 다르다. 어디서도 할 수 없는 경험이 나의 일부가 되었으니까. 그렇게 삶을 정돈하는 중이다.

   돈을 쓸 때 행복해지는 순간은 분명히 있다. 특히 누군가를 위해 쓸 때 그 만족감은 더 커진다. 생일 선물도 그렇다. 내가 직접 사는 것보다 누군가 나를 위해 준비한 선물이 더 큰 의미로 다가오듯, 내가 누군가를 위해 준비한 것도 그렇다. 홍대에 있는 미용실을 수년째 다니고 있다. 물가가 올라도 커트 비용은 여전히 17,000원. 이 가격에 정성껏 머리를 잘라주는 사장님에게 감사한 마음이 들어 어느 날은 20,000원을, 또 어떤 날은 유머를 담아 17,777원을 보내기도 했다. 크지 않은 돈이지만 따뜻한 마음이 전해지기를 바라는 마음으로. 아주 적은 금액으로도 사소한 행복을 얻을 수 있다고 생각한다.

일을 지속하는 마음

내가 좋아하는 숫자 777은 지인들과 금액을 나눌 때도 자주 쓰인다. 예를 들어, 더치페이를 할 때도 777원을 더해 보내며 "행운 가득한 하루 보내라"는 말을 전한다. 책 선물도 마찬가지다. 내가 읽은 책에 상대방과 잘 맞는 내용이 있다면 망설이지 않고 선물한다. 읽을지 말지는 그 사람의 몫이지만, 내가 그 사람을 생각하고 있다는 마음만은 고스란히 전달된다. 그리고 그 마음을 받았을 때 나 역시 같은 방식으로 다시 베풀고 싶어진다. 대체로 행복은 아주 큰 이슈보다 이런 작은 기쁨에서 온다.

나는 돈을 벌기 위해서가 아니라, 행복하기 위해 일했다. 물론 돈이 싫은 건 아니다. 다만 '돈이 많아야 행복하다'는 생각은 하지 않는다. 우리는 왜 일하는가? 각자 다른 상황과 가치관, 능력에 따라 일을 하고 있다. 일이 늘 기대만큼의 보상을 주는 것은 아니고, 때로는 빚과 스트레스를 안기기도 한다. 하지만 우리가 일하는 그 시간이 불만 가득한 시간이 아니라, 스스로에게 도움이 되는 시간으로 받아들인다면 행복의 빈도가 훨씬 잦아질 것이다.

행복이 언젠가 알아서 찾아올 거라고 기대하기보다는 내가 먼저 다가가야 한다. 상황이 허락되기를 기다리는 대신, 지금 내 조건 안에서 선택하고 만들어가는 쪽이 더 현실적이다. 결국 우리는 각자 선택한 삶의 방식 속에서, 무엇을 중요하게 여기며 살아갈 것인지 묻고 답하며 하루를 쌓아간다. 그러니 어느 쪽으로 마음을 기울일지는 우리의 선택에 달려 있다.

끝낼 수 있었던 이유

 부끄럽지만 악착같이 하지 않았다. 그래서 행복할 수 있었던 걸까. 긍정적이고 낙천적인 성격 탓에 버티다 보면 어떻게든 될 거라고 믿었던 것이다. 예전부터 남들과 같은 길을 걷는 것을 좋아하지 않았다. 그래서 에피토미도 기존의 카페들과는 조금 다르게 만들었다. 한때는 프랜차이즈로 먼저 시작해 시스템을 익히고 자본을 마련한 후 내가 원하는 공간을 열까 고민도 했다. 하지만 프랜차이즈라고 해서 수익이 보장된다고 확신할 수 없었고, 결국 "그럴 거면 처음부터 내 것을 하자"는 판단을 내렸다.

나는 내가 잘하는 것과 못하는 것을 어느 정도 안다. 인간관계에는 자신이 있었고, 주변에 든든한 인맥도 많았다. 덕분에 비용과 시행착오를 줄일 수 있었다. 이런 환경이 내가 최선을 다하지 않았던 이유는 아니다. 다만 그 덕분에 내가 절실하지 않았던 것은 사실이다. 그래서 더 반성하게 된다. 힘든 상황이 오면 그걸 견디며 극복하는 사람도 있지만, 나는 안일함에 스스로 안착한 사람이었다. '그럼에도 불구하고'라는 말을 좋아한다고 했지만, 돌이켜보면 나의 4년은 '그렇기 때문에'로 흘러갔다. 상황이 나를 지탱해줬지만, 동시에 나를 무르게 만들기도 했던 것이다.

"상황이 사람을 만든다"는 말을 종종 곱씹는다. 극단적인 예로 무인도에 혼자 떨어진다면, 나도 분명 생존을 위해 무엇이든 할 것이다. 반대로 가만히 있어도 누군가가 밥을 챙겨주고, 청소를 해주고, 빚 걱정 없이 지낼 수 있다면 안일해지지 않는 사람이 몇이나 될까. 나는 그 상황에서 더 다듬어지지 못했고, 그랬기 때문에 결국 내가 사랑했던 공간을 지켜내지 못했다.

아트박스 면접을 볼 때 "끝을 본 적 있나?"라는 질문을 들었다. 책도 쓰고, 카페도 운영하고, 유튜브도 잠깐 했지만, 그걸로 '끝을 봤다'고 말할 수 있을까. 유튜브는 구독자 스무 명을 넘기지 못했고, 그 안에도 진심을 담았지만 절실하진 못했다. "1년만 미쳐봐"라는 말도 들었지만, 나는 미치지 못했다. 애정만 넘치고, 절실함은 부족했다. 그 차이를 이제는 알게 됐다.

운영의 후반부에는 몸이 말을 듣지 않았다. 시도해보고 싶었던 것들은 있었지만 체력도, 집중력도 바닥이었다. 장사가 되지 않으면 업종을 바꾸거나 공간의 콘셉트를 바꾸는 것도 자연스러운 일이지만, 나는 처음의 느낌을 지키려 했다. 언제 와도 같은 자리, 같은 분위기. 그 원칙만큼은 고수하고 싶었다. 물론 소소하게 인테리어는 변화를 줬지만, 본질은 변하지 않았다. 그렇게 4년을 버텼고, 회사와 병행하며 공간을 운영한 나에게 지금은 조용히 "고생했다"고 말해주고 싶다.

지금은 에피토미를 마무리했지만 언젠가 또 다른 공간에서, 혹은 전혀 다른 형태로, 사람들에게 소소한 웃음과 위로를 전할 수 있는 일을 하고 싶다. 그렇게 할 수만 있다면 나는 또 달릴 수 있다. 그 일이 수익이 되지 않더라도, 나와 주변을 행복하게 한다면 다시 시작할 수 있다. 이 실패를 겪었다고 가만히 주저앉고 싶지 않다. 소중한 기억을 남기고, 또 다른 시작을 준비하는 사람으로 남고 싶다.

내 사업을 마라톤에 비유한다면 이번 대회에서는 중도 포기했지만, 그렇다고 모든 기록이 지워지는 건 아니다. 기록표엔 남지 않아도 나는 뛰었다. 땀을 흘렸고, 아팠고, 웃기도 했다. 다음 마라톤에서는 완주를 하고 싶다. 세상이 알 만한 기록도 남기고 싶다. 물론 악착같이 완주한다고 해서 좋은 결과가 보장되는 건 아니고, 혹은 또 다른 상처로 남을 수도 있겠지만 말이다.

상처를 두려워하면 도전은 멀어진다. 실패가 두려워 아무것도 시작하지 못하는 상태야말로 가장 큰 후회를 남긴다. 결국 살아가는 데 있어 진짜 아쉬운 일은 실패한 순간이 아니라, 아무것도 시도하지 않은 채 흘려보낸 시간일지 모른다. 상처는 우리에게 진실을 가르쳐준다. 우리는 상처를 통해 방향을 조정하고, 단단해진다. 돌이켜보면 내가 에피토미를 시작할 수 있었던 것도 '부족한 준비에 대한 두려움'보다 '그래도 해보자'는 마음이 더 컸기 때문이었다. 그 결과가 기대와 달랐을 수는 있어도, 최소한 해봤기에 남은 게 있다.

끝을 낸다는 것은 실패의 표식이 아니라, 또 다른 출발을 위한 쉼표일 수 있다. 언젠가 다시 출발선에 선다면, 이를 악물고 더 나은 준비로 돌아올 것이다. 끝이란 말 뒤에 이렇게나 여지를 두는 건… 다시 돌아올 수 있다는 가능성 때문이 아닐까.

새로운 공간, 새로운 마음

에피토미를 정리하고 나니, 갑자기 시간이 많아진 것 같은 기분이 들었다. 주말이 오면 늘 매장에 출근해야 했지만, 이제는 한 주의 끝이 오롯이 내 것이 되었다. 특히 2025년 설날은 유난히 긴 연휴였다. 예전 같았으면 영업을 핑계로 시골도 가지 않고 카페 문을 열었을 것이다. 돌아보니 명절에도 쉬지 않고 일했다. 그런 시절을 지나 지금 나는 다시 평범한 회사원으로 살고 있고, 공휴일은 다시 자유를 의미하게 되었다.

에피토미는 비 오는 날이면 그 나름대로, 날씨가 맑으면 또 그만의 분위기로 좋았다. 처음부터 카페에 계속 상주해 있을 생각은 아니었다. 영업의 틀만 어느 정도 갖추어지면 다음 스텝을 위한 시간을 확보할 수 있을 거라 기대했지만, 현실은 달랐다. 늘 자리를 지켜야 했고, 예정보다 오래 그 자리에 머물렀다. 지금도 주말이 되면 습관처럼 11시를 기준으로 "영업 시작인데" 하고 생각이 스친다. 좋아하는 일을 하면서 돈도 벌 수 있다면 그게 이상적인 삶일 것이다.

  나는 나름의 울타리 안에서 일했다. 고정 수입이 보장되는 직장이 있고, 부모님은 정정하시고, 누나는 멋진 매형과 아이들과 함께 안정된 삶을 살고 있다. 결혼이라는 인생의 또 다른 챕터는 아직 경험해보지 못했지만, 그렇다고 해서 지금의 삶이 덜 행복한 것은 아니다. 행복은 하나의 형태로 고정되어 있지 않다. 최근 회사가 이전하면서 출퇴근 시간이 길어졌고, 복잡한 통근길에 익숙해지는 데도 시간이 걸렸지만, 그 안에서 찾아낸 장점도 있다. 오랜만에 재회한 동료들과 나누는 대화, 몇 년간 다녔던 식당들의 변화가 오히려 점심시간을 기대하게 만들기도 한다.

  사람마다 '행복'이라는 단어를 채우는 방식은 다르다. 나에게는 일 끝나고 집에 가는 길, 치킨 한 마리와 맥주 한 캔을 사 들고 들어가는 그 짧은 시간이 큰 만족감을 준다. 그런 작은 행복들이 일상을 견디게 하고, 나아가게 한다. 어떤 이에게는 거대한 성공이 필요하겠지만, 누군가에게는 오늘 하루가 무사히 끝나고, 내가 좋아하는 사람과 웃을 수 있는 순간이면 충분하다. 일이 무겁고 버겁게 느껴질 때일수록 그 안에서 스스로를 다독일 수 있는 작은 기쁨이 있어야 한다. 나 역시 그렇게 일상과의 관계를 이어가고 있다.

  끝이 있다는 것은 항상 아쉽다. 하지만 그 끝이 또 다른 시작이 될 수 있다는 사실을 안다. 고3의 끝은 대학 생활의 시작이었고, 군대의 끝은 복학과 취업 준비라는 새로운 챕터의 시작이었다. 에피토미를 열었을 때 금세 성장해 시장 조사, 브랜드 미팅 같은 일들을 하게 될 거라고 생각했었다. 하지만 현실은 달랐다. 뚜껑을 열자마자 마주한 건 뚜껑 열리는 일들뿐이었다…

 이제 또 다른 공간을 향한 '간질간질한' 감정이 다시 올라온다. 에피토미는 내 첫사랑이다. 좋아했지만 끝내 함께하지 못한. 이번에는 다르다. 다음 번엔 성공담을 쓰고 싶다. 하지만 설령 또 실패한다 해도, 그 또한 담담하게 적어낼 수 있기를 바란다. 경험이라며 포장하지 않아도 괜찮다. 세상의 기준으로 에피토미는 끝내 성공하지 못했고, 자의 반 타의 반으로 일을 접어야 했다. 하지만 이렇게 종이에 남겨지는 이 기록이, 그리고 이 책이 새로운 시작을 가져올 수 있다는 기대도 품고 있다. END가 아니라 AND가 되기를 바라는 마음으로.

 새로운 공간을 머릿속에 그리고 있다. 이번엔 STAY 사업이다. 에피토미가 '잠시 머무는 집'이었다면, 다음 공간은 '오래 머무는 집'을 만들고 싶다. 물론 에피토미 때 들었던 비용보다 몇 배는 더 들 것이다. 그래서 당장은 착수하지 못하고 있다. 하지만 언젠가 독자분들의 응원을 받아, 다시 현실이 될 수 있기를 바란다. '영업 종료, 이제는 책으로 만나요'라는 내 인스타그램 글이, '이제는 직접 만나요'로 바뀌기를 조심스럽게 기대하고 있다.

  2024년 12월 31일까지는 원고를 마무리하자고 스스로와 약속했었다. 그 다짐을 지킨 과거의 나에게 박수를 보내고 싶다. @_epitome1123 으로 응원 DM 주시는 분께는, 입만 벌리면 구라라는 뜻의 '입벌구 정신'으로 소정의 선물을 드릴지도 모른다.

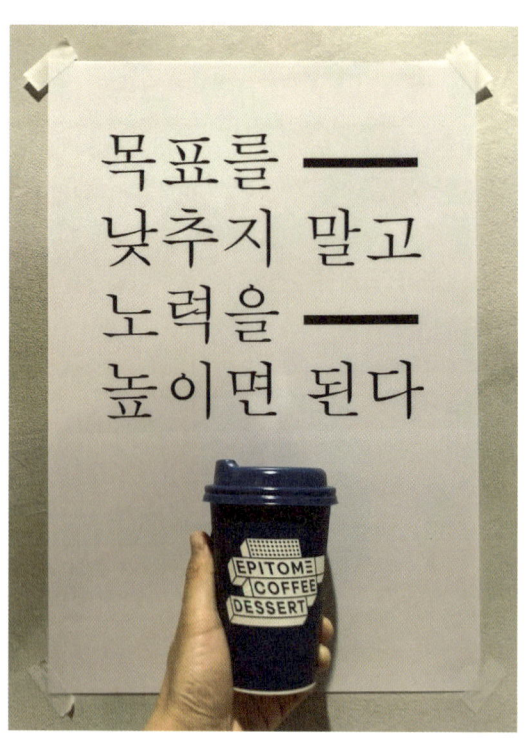

어떤 카페의 엔딩

초판 1쇄 발행 2025년 8월 20일

발행인 김영근
저자 박상현
편집 마음 연결
디자인 마음 연결
펴낸곳 마음 연결
주소 경기도 수원시 팔달구 인계로 120 스마트타워 604호
이메일 nousandmind@gmail.com
ISBN 979-11-93471-79-1
값 17000